看世界

王喜民 著
Amorous feelings of South America

去南美
/South America

南美洲——地球另一面的南半球。
请欣赏其他洲品味不到的大自然奇观秘境！
去领略一个异彩纷呈、风情万种的别样世界！

当代世界出版社

图书在版编目（CIP）数据

去南美 / 王喜民著. -- 北京：当代世界出版社，2016.2

ISBN 978-7-5090-1084-6

Ⅰ．①去… Ⅱ．①王… Ⅲ．①南美洲－概况 Ⅳ．①K977

中国版本图书馆CIP数据核字(2015)第314135号

去南美

作　　者：	王喜民
出版发行：	当代世界出版社
地　　址：	北京市复兴路4号（100860）
网　　址：	http://www.worldpress.org.cn
编务电话：	（010）83908456
发行电话：	（010）83908409
	（010）83908377
	（010）83908423（邮购）
	（010）83908410（传真）
经　　销：	新华书店
印　　刷：	北京华联印刷有限公司
开　　本：	710×1000毫米 1/16
印　　张：	16.25
字　　数：	240千字
版　　次：	2016年2月第1版
印　　次：	2016年2月第1次
书　　号：	ISBN 978-7-5090-1084-6
定　　价：	58.00元

如发现印装质量问题，请与承印厂联系调换。
版权所有，翻印必究；未经许可，不得转载！

前言

　　南美洲，大自然的恩赐，拥有诸多世界之最——

　　世界上最长的安第斯山山脉；世界上面积最大的、被誉为"热带雨林之祖"的亚马孙热带雨林；世界上面积最大的巴西高原；世界上最大的冲积平原亚马孙平原；世界上流域面积最广、流量最大的亚马孙河；世界上最深的科塔瓦西峡谷；世界上落差最大的安赫尔瀑布；世界上面积最大的乌尤尼盐沼；世界上除南极之外最大的巴塔哥尼亚冰川；世界上最长寿的村寨厄瓜多尔比尔卡班村……还拥有独有的鬣蜥和世界最大的陆龟、巨骨舌鱼、水獭及食蚁兽、凯门鳄……

　　南美洲，大自然的杰作，有极致的风光——

　　当您走进莽莽的亚马孙热带雨林，那是"地球之肺"！无边无际，广袤无垠，将是一种什么样的视觉呢？震撼人心！当您站在世界上最大的"天空之镜"，那是"天地合一"！湖光云影，将是一种什么样的意境呢？充满诗意！当您面对白花花的莫雷诺冰川，那是"地球的肚脐"，蓝光刀影，冰崩川塌，将是一种什么样的体验呢？心醉目眩！当您走近世界最高的尤耶亚科活火山，那是"地球的火舌"！岩浆沸腾，火花飞溅，将是一种什么样的感触呢？心生敬畏！还有，世界三大瀑布之一的、地球上最壮观的瀑布群伊瓜苏瀑布，惊心动魄！世界最高且能航行的淡水湖的的喀喀湖，梦幻无穷！"世界尽头"的冷城，心旷神怡！世界上最干燥的阿塔卡马沙漠，充满魔力……

　　南美洲，悠久的历史遗迹斑斓多彩——

　　马丘比丘，"失落之城"！当您第一眼看到高山之巅的宏伟古堡，足以让您惊叹！让您动容！让您感怀！太阳之门，惊世骇俗的蒂亚瓦纳科印加遗址！当那巨石大门骤然闯入您的眼帘时，瞬间让您心动！让您震撼！让您叫绝！库斯科，"天空之城"！当您的双脚踏入这座印加帝国的建都之城，您会立刻感到它的古老、古朴、古旧！带有众多历史遗迹的还有"赤道之都"基多、"白色之城"苏克雷、"无雨之城"利马、"黄金之都"波哥大、"鲜花之都"帕拉马里博……

南美洲，哥伦布发现的新大陆，神秘莫测、扑朔迷离——

复活节岛上的巨石雕像，漫山遍野，充斥着神奥诡异。这些巨人之雕的祖先是谁？何人开凿？起于何年？成了不解之谜！秘鲁大地上纳斯卡地画，铺展上百米乃至数公里，它出自何人之手？表示什么？至今没有破解！秘鲁，秘鲁，真的成了秘中之谜！印加遗址萨克萨瓦曼古堡，一块块上百吨的石头是怎样运来砌起石墙的呢？令人费解！哥伦比亚的黄金湖成为"世界十大宝藏之秘"，有谁能够解开这个谜底？的的喀喀湖的水下古城之谜有谁能够揭开神秘之盖呢？等等，都成了悬着的问号……

南美洲，远离我们的地球另一面，另一个异彩纷呈的世界——

南美洲，汇集了土著人、印第安人、白人、黑人、黄种人及混血人。不同人种、不同风俗、不同信仰造就了不同文化；印加文明、殖民地色彩、欧洲风韵，又融合了非洲元素，交织在一起，形成多元化的社会。这里既有浓郁南美特色的狂欢节、桑巴舞、探戈舞，又有民族情调的太阳节、祈求节、圣烛节等。疯狂的夜生活更是丰富多彩。跟随着美食、美酒、美女，伴随着音乐、舞蹈、歌唱，去追寻南美另一种充满文化艺术气息、超凡的精神世界……

品读吧！速打开书页，这是一个风情万种的南美！

行走吧！快背起行装，那是一个多姿多彩的世界！

作者：王喜民
2016年1月1日

目 录

第一章
委内瑞拉：哥伦布登陆南美落脚点

"天府之都"加拉加斯 …………… 002
热身卡奈马湖 ………………… 008
探险安赫尔瀑布 ……………… 012
美女王国 ……………………… 018

第二章
哥伦比亚：盛产黄金的国度

"鲜花铺就的首都"波哥大 ……… 024
探秘黄金湖 …………………… 030
神奇的地下盐教堂 …………… 034

第三章
厄瓜多尔：赤道之国

赤道纪念碑 …………………… 038
赤道上的首都基多 …………… 041
探索龟岛——科隆群岛 ……… 046
"太平洋的滨海明珠"瓜亚基尔 … 052
"厄瓜多尔的雅典"昆卡 ……… 055
巴拿马帽的故乡 ……………… 058

III

第四章
秘鲁：深印众多历史遗迹的国度

"无雨之城"利马 …………… 062
印加帝国的首都库斯科 …………… 068
"失落之城"马丘比丘 …………… 072
尚未破解的纳斯卡地画 …………… 078
踏浪鸟岛 …………… 082

第五章
玻利维亚：天上人间

世界海拔最高的首都拉巴斯 ……… 086
"靠近天体"的太阳门 …………… 092
"高原明珠"的的喀喀湖 …………… 095
山巅上的法定首都苏克雷 …………… 100
"天空之镜"乌尤尼 …………… 105

第六章
巴拉圭：大国夹缝中生存的小国

"森林与水之都"亚松森 ………… 114
特立尼达耶稣会传教区 …………… 118

第七章
乌拉圭：南美洲的瑞士

"海上门户"蒙得维的亚 ………… 122
去往埃斯特角城 …………… 128

第八章
智利：世界上最狭长的国家

夜幕中的圣地亚哥 …………… 134

神奥的复活节岛 …………… 138

世界最南部有村落的岛 …………… 144

第九章
马尔维纳斯群岛：世外桃源

人间天堂斯坦利港 …………… 148

在卡尔库斯岛做客 …………… 152

第十章
阿根廷：地球最南端的国家

"世界尽头"的乌斯怀亚 …………… 156

火地岛 …………… 160

走进莫雷诺冰川 …………… 163

"南美洲的巴黎"布宜诺斯艾利斯 166

探戈诞生地博卡 …………… 169

世界最宽的七九大道 …………… 172

踏访马背上的民族 …………… 174

第十一章
巴西：异彩纷呈、风情万种的国度

伊瓜苏大瀑布 …………… 178

"南美洲的纽约"圣保罗 …………… 182

"上帝之都"里约热内卢 …………… 185

基督山与面包山 …………… 187

月亮湾海滩 …………… 190

伊巴奈玛姑娘酒吧 …………… 192

足球王国 …………… 195

桑巴舞与狂欢节 …………… 197

　　巴西烤肉 …………………… 200
　　首都巴西利亚布局像飞机 ………… 202
　　亚马孙的璀璨明珠玛瑙斯 ………… 204
　　亚马孙河"黑黄"奇观 ………… 206
　　走向印第安人部落 …………… 208
　　深入"地球之肺"亚马孙热带雨林 211

第十二章
法属圭亚那：现代与原始的融合

　　丛林中的小镇卡宴 …………… 216
　　航行"魔鬼岛" …………… 219
　　库鲁航天基地 …………… 223

第十三章
苏里南：世界人种之最

　　"小联合国"苏里南 …………… 228
　　追寻华人的足迹 …………… 233

第十四章
圭亚那：多水之乡

　　低于海平面的首都乔治敦 ………… 238
　　奔向凯厄图尔瀑布 …………… 243

　　后记 …………………… 247

第一章 委内瑞拉
哥伦布登陆南美落脚点

巍巍安第斯山在这里起步，莽莽亚马孙热带雨林向这里蔓延，粼粼马拉开波湖从此通向大海，这就是委内瑞拉！是哥伦布1498年在此登陆发现的。这里人杰地灵，曾出了南美洲独立领袖玻利瓦尔、南美洲独立战争军事统帅且为玻利维亚第一任总统的苏克雷、强势总统查韦斯及世界多届选美冠军。这里还有世界落差最大的安赫尔瀑布，拥有"石油大国"和"美女王国"的称谓。

"天府之都"加拉加斯

蓝天，白云，大海。

飞机浮动于天穹和云海之间，穿越大西洋、加勒比海，向着南美洲的委内瑞拉首都加拉加斯航行。浩瀚苍茫，漫无边际。

我是从北京乘国航班机飞行的，之后又转机飞行。20多个小时的航行，早已经疲惫不堪。

机翼倾斜穿过雪白云层，开始缓缓下降。墨蓝而静谧的大海袒露在机体之下。

骤然，飞机掠过一片水雾，飞抵南美洲大陆上空。窗外，郁郁葱葱、

▼ 飞机飞越茫茫原始森林

闻名遐迩的原始森林出现在眼下，这就是著名的自然状态下的南美热带雨林。眼望那满目绿色的生态，那完全被森林覆盖的陆地，这真是一个神秘莫测的世界，一片奇妙无比的领地！令人感慨，让人向往……

刹那，飞机降落在加拉加斯国际机场。航站楼建设得宏壮、大气，浓浓的时代感给人一种昂扬向上的气息！

汽车穿过森林，向着委内瑞拉（Venezuela）首都加拉加斯（Caracas）行驶。向导兼翻译瑞其先生和麦克警官告诉我，"委内瑞拉"在西班牙语中意为"小威尼斯"。那是哥伦布1498年登陆这里的第二年，即1499年，西班牙探险家阿隆索·欧和达来到马拉开波湖，看到当地印第安人住在水上高脚村落，故而想到意大利的水城威尼斯，由此而得名。

委内瑞拉的全称为"委内瑞拉玻利瓦尔共和国"，"玻利瓦尔"是委内瑞拉的开国英雄，也是南美洲独立运动的领袖，被尊为"国父"。

委内瑞拉在南美洲是个大国，面积91万多平方公里，人口2800万，60%以上是印欧混血人。委内瑞拉风云人物辈出：开国将领玻利瓦尔、民族英雄苏克雷、强势总统查韦斯等，都风靡世界；还有"美女王国"、"石油大国"的称谓。

首都加拉加斯是南美洲著名的历史古城，人口350万。加拉加斯在印第安语中是一种草的名字，当地曾有一个加拉加斯部落在16世纪中叶西班牙人入侵之前就在此生活。1567年，西班牙殖民者迭戈·德洛萨达在这里开始建城时取名"加拉加斯"。

加拉加斯是一座山城，整个城区绵延在长达20多公里的峡谷中，平均海拔900多米。沿街道路高高低低，民居散落在山顶、山坡、山谷，层层叠叠，错落有致。

这是一座美丽的城市，由大海、山地、河流、丛林装扮着，加上气候温润，四季如春，风景秀丽，被称为"天府之都"。

走在大街上，楼群林立，商场遍布，店铺众多，还有博物馆、城堡、古道和殖民时期的古建筑。让人注目的是，街巷、大楼、墙体、公园等随处都有玻利瓦尔的画像，是什么缘由，让委内瑞拉人如此崇拜呢?

　　沿着一条古街道,我走进一幢古老的建筑,这就是玻利瓦尔的故里。住宅较为简陋,室内还保留着玻利瓦尔当年生活及学习时用过的物品。

　　玻利瓦尔1783年出生于加拉加斯市,1806年开始参加民族解放运动,他组织起一支武装力量与西班牙人展开了英勇战斗,把战火燃烧到整个南美洲的西班牙统治

玻利瓦尔画像在加拉加斯城区随处可见

地区,先后解放了委内瑞拉、哥伦比亚、厄瓜多尔、秘鲁、玻利维亚等地,直到挺进阿根廷的边境,一举赶走了侵略者,结束了西班牙在南美的统治。玻利瓦尔由此声名大震,他不仅是委内瑞拉的国父,还是整个南美洲独立战争的领袖。为此,南美尤其是委内瑞拉对玻利瓦尔非常崇拜和尊敬。

　　在玻利瓦尔故居不远处,修建了一座玻利瓦尔广场,竖有玻利瓦尔骑

玻利瓦尔故居不远处有一面石墙,上面镶嵌着玻利瓦尔头像及在他领导下解放的委内瑞拉、秘鲁、哥伦比亚、厄瓜多尔、玻利维亚等6个国家的名字和徽标。

玻利瓦尔故居

马持刀的雕像，很是威武。广场绿地上种满了紫薇花树和非洲郁金香树，很多散步休闲的人们聚集于此。

在广场东面的大教堂中，长眠着玻利瓦尔的父母和妻子。另一侧不远处建有玻利瓦尔纪念墙，硕大的墙体上刻有玻利瓦尔解放南美洲的一些国家，对面是高耸的红黑相间的玻利瓦尔纪念柱及玻利瓦尔博物馆等，连接广场的还有玻利瓦尔大道等，可以说，纪念玻利瓦尔的地方随处可见。

玻利瓦尔广场处在古城区中心的繁华之地，附近有市政厅、议会大厦、总统府等。

顺玻利瓦尔广场北行，有一座白色波浪状的宏大建筑，名为英烈祠，玻利瓦尔长眠于此。原本，玻利瓦尔埋葬在英烈祠旁边一个教堂中，前总统查韦斯为更好地纪念这位民族英雄，投资1.4亿美元建造了这座风格独特的祠堂，供民众前来瞻仰和参加纪念活动。

这里，还有一个传奇式人物苏克雷。他是南美洲独立战争的军事统帅、玻利维亚的第一任总统，他就出生于委内瑞拉，曾在加拉加斯读书。他和

↑ 玻利瓦尔雕像
→ 玻利瓦尔广场上的纪念柱
↓ 议会大楼

↑ 英烈祠

玻利瓦尔一样，名垂青史。

如果说玻利瓦尔、苏克雷是民族英雄，那么当代查韦斯则被称为强势总统。在街区公众场所，也有很多查韦斯的画像，他同样被委内瑞拉人民所爱戴。2013年查韦斯去世后，葬于革命博物馆，供人们瞻仰。在向导和警官的带领下，驱车爬上一座山顶，来到革命博物馆门前。这里集结了很多人，排着长队等候瞻仰领袖。博物馆建造得宏伟庄重，墙体为浅黄色，底部、窗楣、屋顶均为暗红色，从这里可以俯视加拉加斯全景。经过严格的安检，我跨入博物馆大门。馆内气氛非常凝重，很远就看到查韦斯的棺墓，四周由卫兵把守，要绕行一圈瞻仰。民众对查韦斯的评价是"反美斗士"、"穷人的救星"、"平民总统"。联合国秘书长潘基文在评价查韦斯时说："他是一位能够体察和帮助弱势群体的人，并能够用激情、昂扬的语言点燃人们希望的人。"中国国家主席习近平评价查韦斯是"富有魅力的领导人，是中国人民的伟大朋友，也是我的好朋友。他喜爱中国文化，对中国共产党的历史和执政理念了解很深，为发展中委关系作出了杰出贡献！"

↓ 革命博物馆前总统查韦斯开会讲话的照片，这是查韦斯最后一次参加群众集会的珍贵照片。

↓ 列入世界文化遗产的加拉加斯大学城建筑风格独特。图为带顶的广场、礼堂、金属雕刻及河塘。（许民 摄）

加拉加斯不仅名人辈出，还有许多景点，是旅游的胜地。其中加拉加斯大学城 2000 年被列入世界文化遗产。驱车路过一座古老的印度神庙，我来到大学城。这里的规划、建筑和艺术杰作是现代建筑中的典范，设计者们将大量建筑物体及功能融入一

↑ 埃尔阿维拉国家公园一面是茫茫大海，一面是莽莽山林……

套连接清晰的综合性建筑群之中，包括带有亚历山大·卡尔德"云烟"的大学礼堂曼格纳、奥林匹克体育馆和隐藏的大楼等。

埃尔阿维拉国家公园是加拉加斯市最幽雅最迷人的景区，地处埃尔阿维拉山，面朝大海。公园占据了市北 90 多公里长的海岸山脉，山峰最高海拔 2765 米。

去埃尔阿维拉国家公园需要从市区乘坐缆车。来到乘车点，排队的人们有半里之长。缆车前的蓝色墙体上方，分别用红和绿两种颜色写着瓦莱拉雷帕诺缆车字样。伴随着缆车的缓缓行进，沿途风光尽收眼底。那纵横的街道、红色的房顶，然后是茂密的森林、奔泻的瀑布、奇异的花草、翱翔的飞鸟，美不胜收。滑行 30 多分钟后到达山顶，这里人山人海，摩肩接踵，热闹非凡。游乐园、溜冰场、电影院、音乐厅……可去之处真不少，还能居高临下，俯瞰加勒比海和茫茫热带雨林及加拉加斯市区全貌，展现在面前的是一幅幅美丽的风景画卷，太迷人了……

夜幕降临，峰回路转。下山的路上，思绪不断——

委内瑞拉，确有大国气派！

加拉加斯，很有名都风范！

热身卡奈马湖

安赫尔瀑布是世界最高、落差最大的瀑布，也是委内瑞拉首选观光胜地。有人说，不去安赫尔瀑布等于没到委内瑞拉。安赫尔瀑布地处委内瑞拉东部与巴西、圭亚那交界处的卡奈马（Canaima）一带，为保护这一世界级胜地，安赫尔周围的高山、丛林、河流纳入国家公园，名为卡奈马国家公园。前往安赫尔瀑布，首先要到卡奈马国家公园，那里到处都是美丽的风光！1994年，卡奈马国家公园被联合国列为世界自然遗产。

从加拉加斯国内机场乘飞机前往卡奈马国家公园，有一个多小时的航程。从机窗向外望去，目光所及均为热带雨林，这里也应该在亚马孙范畴之内，连片的原始森林已看不出国家和地区的分界线，南美洲的生态保护的是何等好啊。有时在想：如果没有被称为"地球之肺"的亚马孙热带雨林，那么我们生存的环境将会怎样？

飞机着陆在森林之中的跑道上。走出机舱，一名土著人赤着身子走过

▼ 卡奈马湖

来向我献花，还不停用英语欢迎我的到来。只见他的脖子上系着一串用兽牙做成的项链，头顶上戴着一具动物骨骼制成的头饰，上面还插有两根长长的羽毛，极具当地特色。他告诉我："这里距安赫尔瀑布还有 50 公里，乘小型飞机来回 40 分钟，坐船要一天，步行需 5 天。而卡奈马湖美得让人陶醉，可不能错过呦！"

卡奈马是土著人居住的一个村子，是距离安赫尔瀑布最近的人口聚集地，公园就是以此村落命名的。这里设有公园管理处、宾馆、饭店、游客接待中心等，卡奈马湖就在旁边。

↑ 卡奈马湖边的土著人

办好旅馆入住手续后，我来到卡奈马湖。卡奈马湖真是太美丽了！湖面像月亮一样镶嵌在原始森林中，远处有很多条瀑布注入湖中，像银浪一样翻卷。我忍不住内心的冲动，信步登上一只木船，畅游湖中。望着飞流的瀑布群，望着远处平缓的山脉，导游路易毕哥介绍了卡奈马公园的情况。

卡奈马国家公园面积 3 万多平方公里。卡奈马湖处在公园的中心地带，由阿恰大瀑布群中七条瀑布注入形成。除此之外公园还有很多瀑布，如安赫尔瀑布、青蛙瀑布、小蛙瀑布、宽铺瀑布等。这里有很多桌山，

↑ 云雾下的桌山

是因岩层不断受到风雨的侵蚀而成为砧板形状，一座座桌山耸立在热带雨林中，非常壮观神奇，是大自然的杰作。1835 年，德国一名探险家曾多次尝试攀登均告失败。1885 年，英国探险队出奇地攀爬成功，看到山顶遍布被侵蚀的奇岩怪石，万分惊叹。后英国作家阿瑟·柯南·道尔爵士称此地为"失落的世界"。桌山下面的热带雨林中有很多珍禽异兽，美洲虎、野豹、虎猫、树獭、水豚、鳄鱼、大鹰等出没于此。

湖边丽鸟

说话间，木船靠近阿恰瀑布群中最宽的斧头瀑布。我登上岸后近距离观赏。望着飞泻的瀑布，虽没有直下三千尺的壮观，但却有着汹涌澎湃的视觉冲击。斧头瀑布尽管落差不大，但水量充足，大有排山倒海之势！我踩着流水，迎着飞溅的水花，扶着山石到斧头瀑布的背后观看。脚下湿漉漉的岩石非常光滑，只能赤脚行走，一不小心就会失控，掉入瀑布中。这

卡奈马湖全景

⬆ 断流的瀑布，生命的抗争。

是胆识的较量，真正感受水的力量！终于走到瀑布背后，听到震耳欲聋的声响，看到喷泻而出的水流，体察"气势磅礴，势不可当"的震撼！

又经过一个多小时徒步行走，来到一座桌山断流的瀑布遗址，原名为雾瀑布。站在光秃秃的石板上，望着一块块被太阳烤焦的石块，干裂滚烫的沙砾以及枯萎的树根，荒凉苍茫之感涌上心头。瀑布断流，荒芜悲凉，这应该是大自然的报复吧！当我的视线转移，偶见石缝中一棵脆弱的小草顽强地冲出地面，那种生与死的抗争，那种渴望生命的呼唤，让我的心顿然失色：大自然在呼唤着新的生命……

瀑布的断流源于树木的砍伐。路易毕哥说："原本雾瀑布水量很丰富，是一道很美的风景线。在亚马孙流域，有些不法分子无序采矿，砍伐大量树木造成河水断流，瀑布消失。其中有个上千人的采金团伙在森林中开矿两年之久竟没被当地政府发现。"

返程中，看到白惨惨的石块，看到失去生命力的山体，心中久久不能平静……

探险安赫尔瀑布

观看安赫尔瀑布,是乘坐小型航拍飞机前往的。

起飞了!5个人挤在一架小型飞机中,伸不开腿,直不起腰,憋闷得喘不过气来。但窗外的风光那样迷人:蓝天、白云、丛林;悬崖、峭壁、河水,尽收眼底。那莽莽林海变成一张绿毯铺展在大地,弯弯曲曲的河流像长蛇一样在缓缓蠕动。飞抵山谷,只见两边悬崖峭壁像刀砍一样笔直,万丈深渊中升腾着雾气,蒸蒸上扬。飞至桌山上空,又是一番奇景。桌山有的像磨刀石卧着,有似蘑菇拔起,有像树墩插在密林,奇妙无比。有人说,乘飞机去安赫尔瀑布,沿途风光不亚于瀑布。

安赫尔瀑布处在群山峻岭之中,又有无边无际的原始森林覆盖,是人迹罕至之地,一直没有被发现。1937年11月14日,美国飞行员吉米·安赫尔驾机经过这里时,意外发现了这条瀑布。安赫尔是个淘金飞行员,他把他的四人座飞机降落在瀑布顶部进行了一番考察,当他飞离时不幸在瀑布附近坠机身亡。为了纪念他的发现,委内瑞拉政府以他的名字命名安赫尔瀑布。后来因委内瑞拉与美国的关系问题,改称丘伦梅鲁瀑布,接着又改为天使瀑布,但一直没有叫响。

安赫尔瀑布因地处偏远的密林深处,没有任何道路可以到达,一直到现在也没有修出一条通往瀑布的路,原因是这里山高水远,修筑公路成本太高,再者政府不想破坏生态环境,砍伐原始森林。

不能近距离观望,更增加了瀑布的神秘和奇妙!为此,世界上很多摄影爱好者不远万里,宁可跋涉千山万水也要目睹这一壮景。经地质学家反复测量，瀑布高979米，是世界三大瀑布之一的尼亚加拉瀑布的10倍，被称为世界最高、落差最大的瀑布。

安赫尔瀑布位于委内瑞拉玻利瓦尔州的圭亚那高原，卡罗河支流丘伦河上。瀑布从平顶高原奥扬特普伊山直落而下，几乎没有触碰到万丈悬崖陡壁。奥扬特普伊山是这一带最大的桌山。

转眼，飞行了20多分钟，这时机体做了一个俯冲动作，突然窗外出现一道白线，飞行员随即喊了一声。噢！这就是安赫尔瀑布！只见机体下出现一座宽敞的平顶山，不用说，这就是奥扬特普伊桌山山顶！一条细流躺在桌面上，这就是丘伦河。居高临下，雄阔的奥扬特普伊桌山好壮观啊！缓缓流淌的丘伦河泛着银光，多美妙啊！随着飞机缓缓下降，随着山顶平面的隐去，一道奔泻的水波飞流直下，上顶蓝天，下至丛林，像一条直上直下的白柱挂在悬崖峭壁上，水流飞泻到万丈深渊，升腾起团团雾气，蔚

▼ 乘飞机正面观看瀑布

为壮观。此时,虽听不到瀑布的声音,但此时无声胜有声!此间,虽想象不到瀑布的长度,但此时无度胜有度!心中只有一个"飞流直下三千尺"!3000尺?就是1000米吗? 979米不就是上千米吗!

这就是世界最高、落差最大的瀑布——安赫尔瀑布!

这就是全球十大最美瀑布——天使瀑布!

乘飞机高空看完安赫尔瀑布后,感到不解气!有一种"犹抱琵琶半遮面"的感觉!原来听当地土著人讲,应该再乘船近距离观看,那是两种味道,两种意境,浑然不同。

既然来了,何不再坐船看个究竟呢?

次日凌晨4点,我又乘船逆水而上,再去近距离探险安赫尔瀑布……

黎明,没有一丝光亮,东方渐渐露出淡淡的鱼肚白。

小船在卡拉奥河漂荡,扬起哗啦啦的水声,周围的群山、丛林那样寂静……

同行的当地土著人路易毕哥用不太标准的英语说:"去看安赫尔瀑布,乘船是第二种选择,走水路要5个多小时,登陆后再徒步穿越热带雨林一个多小时才能看到。山高路远,千万提防鳄鱼、毒蛇等野兽的袭击。"

小船缓缓前行,荡起的水花不断溅到衣服上。

▼ 乘船逆水而上向安赫尔瀑布进发

走水路，在雨季的一月份才能乘船，其他 11 个月都是枯水季节，不能行船，因为河里的水量不足。至于徒步的旅行者那就更少了，因为这里没有真正的路，全是森林，危险性和不可预见性太大了。

听完介绍，这才知道观看安赫尔瀑布太难了！

船在行驶，风光旖旎。

大自然太漂亮了！眼前出现了鲜嫩的草垛，散落在河滩。青草，绿的那样艳，嫩的那样鲜，亮的那样透。一尘不染的嫩绿色草垛，有大有小，有圆有方，形状不一，镶嵌在滩途水面，将河水装扮得如此生动，真像一幅春意盎然的水彩画！

⬆ 从船上远距离观看瀑布

船行长河，风光如诗如画，让人心旷神怡，尤其是森林托起白云，白云又托起桌山，更让你如痴如醉，忘乎一切。随着水流，随着行船，不断出现不同形状的桌山，悬崖陡壁，鬼斧神工，常常让人耳目一新。有的飞挂着瀑布，有的身披绿裳，有的裸露着岩石，山中美景映照在水面，朦胧诗意。除桌山外还有多姿的山峰，或直立，或弯腰，或斜插，在云雾中随着行船高跳、舞动。

美哉！卡拉奥河！壮哉，山峦迭现！让你陶醉着迷，又兴奋异常……

突然，前面出现险滩！水流从石缝里挤出来，太悬了！只见船公撑起单桨，奋力拨动，绕开暗石，冲出水面，终于闯过急流险滩。

⬆ 闯急流险滩

骤然，面前出现山峡，河面狭窄，水流湍急，真是命悬一线！只见船公力推岩石，不断调转船头，船体紧擦着悬崖冲了过去，又是一阵掌声！

蓦然，河面上出现数只鳄鱼，恐慌之余，只见船公奋力一个旋转，绕开危险水域，劈开水浪向前驶去……

有喜有乐，有惊有险，经过5个半小时的水上航行，小船终于靠岸。河面变窄，海拔升高，显然抵达河的上游了。

↑ 上岸后穿越热带雨林

走在原始森林，阴森恐怖，幸好有当地土著人领路才略安心。去往安赫尔瀑布，林中根本没有路，脚下全是盘根错节的树根，根系有粗的、细的、大的、小的、长的、短的，上下左右交织在一起，盘成不规则的网状铺在地上。双脚踩着树根在林中艰难前行，头顶没有一丝亮光，树的枝叶把天空遮挡得严严实实，阴森可怕。飞鸟、动物、蚊虫不断，奇花异草满地皆是，许多鲜嫩的蘑菇从腐烂的树叶中冒出。我一边走一边将身体绕开古树，两手扒开藤蔓，让头摆脱树枝。热带雨林，何时能走出去呢！

经过半个多小时的林中穿行，右侧出现一块巨石，旁边立有一个木牌，上面写的英文表明是安赫尔坠机之地。

开始爬山了，前面变成了陡峭的山石，危险度加大，这时候更需千万小心。我一手扶着岩石，一手抓住树枝，双脚踏到树根的缝隙中，一步一步向上攀登。爬山时，决不能踩石头，因为太潮湿，石面都是水，非常光滑，不小心就会坠入万丈深渊，一命呜呼！所以，每抬起腿，我都要首先考虑脚放在什么位置！

▼ 安赫尔瀑布

　　几经攀登，几经攀爬，终于听到了涛声。当登上最后一块巨石，一条飞奔的瀑布突然出现在眼前。这就是安赫尔瀑布！这就是一路追寻的世界最高、落差最大的瀑布！脚下的巨石悬空，一边是峭壁，一边是悬崖，站不能站，坐不能坐，太危险了！但，为了观看这世界级的瀑布，必须鼓足勇气，必须壮起胆量！开始，我战战兢兢爬上石块，随着坐起身来，后来慢慢地终于站起来！面朝瀑布，真是太壮观了：奔流、喷吐、突泻，直下、冲涌、撞击，飞溅、翻腾、奔涌，"疑是银河落九天"！巧夺天工，鬼斧神工，大自然怎么会造就如此气势磅礴、波涛汹涌的画面，再一次让我惊心动魄，再一次冲击我的心灵！

　　安赫尔瀑布，不愧为心目中的天使！

　　安赫尔瀑布，不失为世界自然遗产！

美女王国

委内瑞拉有世界最高、落差最大的安赫尔瀑布,还是世界产油大国。然而你知道吗,委内瑞拉还是一个盛产美女的地方,被誉为"美女王国"。瀑布、石油和美女是委内瑞拉三宝。

行走在委内瑞拉,无论是城市、乡村,还是街头、巷尾,或是海滩、公园,都有众多相貌出众的女士,她们面容姣好,身姿曼妙,谈吐温和,真是美女如云,令人惊艳!

向导瑞其先生介绍,委内瑞拉是个美女层出不穷的国度。委内瑞拉美女共赢得过60多次国际选美大奖,其中有5个"世界小姐"、4个"环球小姐",世界上没有一个国家获得美女称号像委内瑞拉这么多,没有一个国家能够赢得这么多国际选美荣誉。所以,委内瑞拉被称作"美女王国"一点也不夸大,而且没有任何国家能与之相比。1981年荣获"委内瑞拉小姐"和"环球小姐"的伊雷妮·赛斯捧到奖杯自豪地说:"代表巴西的是足球,代表我们委内瑞拉的则是美女。"为此,委内瑞拉的美女与石油、瀑布一样,引以为傲。

为什么在南美洲这样一个石油大国却出现这么多美女?为什么在世界选美赛中她们屡屡夺取大奖?

其中,最重要的因素是混血人种。这就要追溯历史根源了。早在公元1000年,当地印第安人就已在此居住。1498年哥伦布第一个踏上委内瑞拉境地,1500年第一个西班牙定居点新加的斯在委内瑞拉建立,1567年沦为西班牙殖民地。在西班牙统治的300年之中,大量西班牙包括意大利、法

↑ 朝气蓬勃、开放浪漫的委内瑞拉女郎,在首都埃尔阿维拉国家公园里荡起一阵笑声

国、葡萄牙等欧洲人涌入委内瑞拉定居下来。欧洲人与当地印第安人通婚,成为印欧混血人种。300年来,委内瑞拉的印欧混血种人已达到1680万人,占全国总人口的60%。因混血人种原因,相貌一般都很漂亮。从生物学来讲,远缘杂交出的种子都是优质产品,比如小麦、大米、谷物等,而近亲结合则反之。所以委内瑞拉有这样一种说法:"人无正种,树无正根。"

远缘结合不仅相貌出众,而且智商高。在委内瑞拉,印欧混血人种都很聪明,很多科学家、研究人员、高端人才都出自混血人种。

混血人种不仅仅女人美,男人也帅气。在委内瑞拉旅游,你会发现很多美男子,英俊漂亮。踏访期间,为了安全起见,当地为我专门配备了一名警官叫麦克,一路跟随,全程保护。麦克警官就很剽悍帅气:方脸盘,深眼窝,高鼻梁,朗目纯齿,非常潇洒。还有我的向导瑞其,都是俊朗的彪形大汉,很有男人气魄。

委内瑞拉不断开展选美活动，除国家举办一年一度的选美活动外，城市、乡村、学校、街区、养老院、企业、公司等，就连女子监狱都在举办。选美，在这个国家已到了近乎狂热的地步。每个村庄都有美女皇后，每个学校都要选出校花，每个城市也都会选出美女状元。

这个国家人人都爱美，对于选出的美丽女士，都崇敬、爱戴，并关注。每当大的选美活动到了最后冲刺阶段，大街上鲜有人影，连出租车也停止了运营，都在家围着电视观看比赛，看看谁能夺第一，谁能捧走奖杯。比赛冠军，往往成为人们心目中的偶像，受到人们的尊敬和喜爱。而对于获奖美女的家庭，社会地位会大大提高，四邻五舍会来祝福、庆贺。

伊雷妮·赛斯获得"环球小姐"比赛冠军后曾激动地说："我能够取得好成绩，我要为我的国家骄傲、自豪！女性美在增强我们的民族自信心，选美是民族精神的表现，要相信美的力量！"

选美，在委内瑞拉已成为一种文化，成为一种民族的象征。为此，国

▼ 在镜子前比美

家也全力支持，因为她代表了国家的形象。在委内瑞拉首都加拉加斯我走进一所女士学校，这是一栋粉红色的建筑，从外形及颜色上看，给人一种美的感觉，它是专门培训美女的基地。每年到招生季节，成千上万的女性前来应试，获得入学资格后，要经过严格的训练，比如走路姿态、面部表情等，像参加奥运会选拔赛一样，严上加严。这里的训练，不仅是外表美，更重要的是心理素质的教育，气质上的表露。也就是说，心灵美、内在美。

走向美容学校

委内瑞拉人从女孩很小时候就培养她们爱美的习惯，梳头、穿衣、化妆、打扮，给人整洁、干净、秀气的感觉。在行为上教育女孩要礼貌、客气、温雅，在气质上要大方，不拘小节。小姑娘从4岁开始就可以参加专业选美比赛。这里的"童年培养学校"专为4至9岁的小姑娘设置美的课程。奥斯麦尔·索萨打造了多位世界小姐和环球小姐，在委内瑞拉乃至全世界被称为"选美皇后之王"。"女孩子从小就应该注意修行，包括饮食学，否则很难进入选美的行列。"她对我说道。

委内瑞拉人崇尚自然美，但也不排斥整容。在加拉加斯，沿街有很多美容院，在这里不仅可以贴面、去斑、除纹，还可以做整容手术。索萨说："上帝创造了美女，也创造了整形外科医生。整形医生只是做了少量的工作，却让美女们变得更加完美。"有的整形医生采取国际上最先进的技术，使女性的眼睛、鼻子、胸脯、颊骨、下巴更加美丽。委内瑞拉选美大赛媒体和演讲教练乔斯·拉斐尔·布莱斯诺说："在委内瑞拉，女性们宁可去死，也不要丑陋。"所以，在委内瑞拉，美容、整容深受女士们欢迎，这已成为一种常态。

▽ 在卡奈马湖畔狠命追求美女不放

第二章
哥伦比亚
盛产黄金的国度

"黄金之国"、"黄金之都"、"黄金世界"、"黄金湖"、"黄金城"……这就是哥伦比亚！"黄金人"、"黄金船"、"黄金十字架"、"黄金蟾蜍"……这就是用"黄金"冠名的哥伦比亚！哥伦比亚是个产金大国，产量名列世界前茅，被誉为"遍地黄金"的地方。为此，早年的西班牙派大批的拓荒者前去进行掠夺性开发。时过境迁，如今这里仍以黄金等矿业为经济支柱。来吧！做黄金梦的人们，这里拥有世界上最大的黄金博物馆，有神秘莫测的黄金湖，有迷人的黄金市场……

"鲜花铺就的首都"波哥大

鲜花铺展,绿草延伸。

从委内瑞拉踏入黄金和绿宝石储量居世界之首的哥伦比亚(Columbia)地界,顿感头脑发涨,四肢无力,原来已进入高海拔地区。沿泛美公路,进入哥伦比亚共和国首都波哥大(Bogota),高原反应更加明显,海拔已上升至2650米。但满街遍巷的鲜花让人惬意:红、蓝、紫、黄,竞相开放,姹紫嫣红,香气扑鼻。

原来,哥伦比亚素有"鲜花之国"的称谓,而波哥大享有"鲜花铺就的首都"美誉。波哥大还被称为"黄金之都"、"伊比利亚文化之都"、

▼ 鲜花铺满街道

"南美的雅典"、"绿宝石之王"等。"黄金、鲜花、咖啡、绿宝石"被称为四宝。

山岭环绕的波哥大不仅由鲜花铺就，而且到处林木苍翠，郁郁葱葱，绿地连片，芳草烂漫，四季如春，波哥大还有"春城"之说。优美的环境，宁静的街区，加之丰厚的历史文化遗产，使之成为著名的旅游胜地。而最有看点的是蒙塞拉特山风景区、玻利瓦尔广场和黄金博物馆。

迎着袭人的花香，穿过数条街区，我来到了市区东边的蒙塞拉特山脚下。通向山顶有1500级台阶，真是让人望而生畏！这意味着要攀登更高的海拔，经受更大极限的考验！忐忑间，向导卢女士让我先参观玻利瓦尔故居。这是一处非常朴实的农家小院，当年玻利瓦尔就曾在这里居住。屋内还陈列着玻利瓦尔的战袍、刀枪及书信。可以想象，在那段时间，玻利瓦尔是如何生活和工作的！

心情渐渐平静下来，在向导卢女士的引领下开始挑战极限。当攀至蒙塞拉特山顶已是气喘吁吁，海拔已升至3260米，身体不适感越来越重。

▼ 古街

↑ 南美洲最古老的塔楼建筑

然而，居高临下，一幅壮阔的波哥大全景铺展在眼前：纵横的街道，如棋盘一般；楼宇建筑，鳞次栉比；绿树草地，又显田园风光。突然被这美丽的风光所迷恋，高原反应仿佛也消失了。

山上最明显的建筑是一座白色小教堂，那是朝圣者们祈祷的地方，只见一队队信徒拾阶而上，纷至沓来。教堂内庄严肃穆，陈列着印第安人的木雕，竖立着基督的雕像。这座教堂始建于17世纪中叶，是举世闻名的宗教圣地。

玻利瓦尔广场地处市中心老城区，是西班牙惯用的设计方式，即：教堂、总统府、议会、法院及市政厅。这种模式在南美洲殖民地是"标配"，均按照当年西班牙王室下发的旨令

↓ 玻利瓦尔广场

统一规划设计而成。所以在南美不管走到哪里，只要是西班牙统治过的国家，首都广场大都是这种模式，当然波哥大也不例外。对于面积为11万平方公里、4600万人的哥伦比亚，早在1499年西班牙就已入侵，后沦为西班牙殖民地，直到独立。

玻利瓦尔广场中央是玻利瓦尔骑马威武高大的雕像及带彩灯的喷泉。雕像后面是古希腊风格的巨大石头建筑国会大厦，北面是雄伟壮观的法院，东侧是波哥大最大最雄伟的具有新古典主义风格的普里马达大教堂，西侧是法式风格的市政厅，南面的总统府与国会大厦相邻。

典型的西班牙模式的广场！不过，总统府略朝南了一些。因为现在的总统府官邸是著名的圣卡洛斯宫，此宫是波哥大一座古老的建筑，已有300多年的历史。最早为圣菲皇家图书馆，后来玻利瓦尔住在这里。1819

⬆⬇ 总统府（又名圣卡洛斯宫）

年玻利瓦尔领导的起义军在波亚卡战役大获全胜,建立了大哥伦比亚共和国,包含了厄瓜多尔、委内瑞拉和巴拿马等,玻利瓦尔被选为总统。上任后的玻利瓦尔并没有离开他的住所,而是将圣卡洛斯宫改为总统官邸,之后成了历届总统府。

圣卡洛斯宫古香古色,宫殿内富丽堂皇。它的后院即是一片园林,树木参天,繁茂成长,非常幽静。后院不远处有南美洲最古老的白塔楼,成为老城的象征。当年玻利瓦尔居住时,曾亲手在院里栽了一棵胡桃树,至今枝繁叶茂。那是1828年9月25日,敌军组织暗杀行动,玻利瓦尔正是在这棵茂密胡桃树的遮挡下,从窗口逃脱,在圣阿古斯丁河石桥下隐藏了两个多小时才幸免于难。如今,在这扇窗上,还悬挂着一块木碑,详细记述了此事的经过。

在圣卡洛斯宫的周边,依次有文化部、圣阿古斯丁小教堂、解放者群雕、博物馆等。令人不解的是西边有一条古街道被命名为"离婚街",

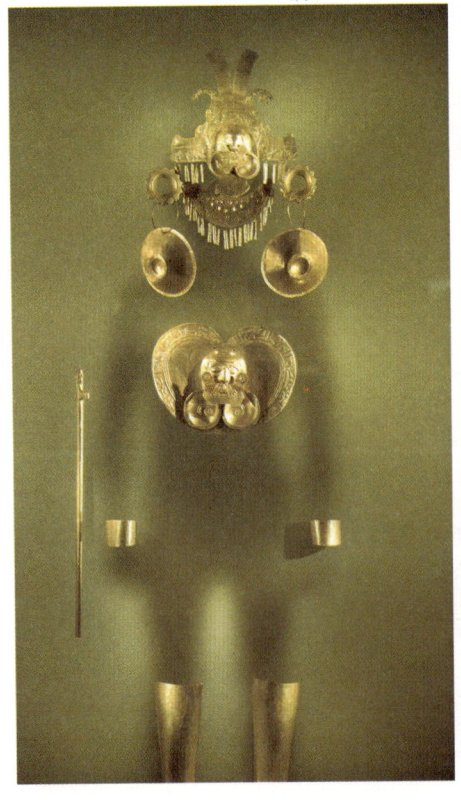

← ↑ 博物馆里的黄金人

颇让人费解。

　　在圣坦德尔公园东侧,是世界上规模最大的黄金博物馆,号称世界第一黄金博物馆。走进大厅,琳琅满目,眼花缭乱,黄金制品竟如此之多。据统计,馆内共收藏2.6万件黄金制品,其中有金簪、鼻环、手镯、金刀、金斧、金棒、金镰、金盘等等,太多太多了!个个色彩绚丽,熠熠生辉。其中镇馆之宝是"少女",立柱上的四个圆球顶着一个圆珠,形象地展示了少女的姿态。"金人"和"金蟾蜍"也很引人注目。"金人"是在一个长20厘米的金质木筏上站着11个闪闪发光的金人;古印第安人认为"蟾蜍"是吉祥和智慧的化身,对这种生灵非常崇敬,为此各种各样、姿态各异的"金蟾蜍"活灵活现。还有一座圣马尔塔"消失了的城"模型引人围观,它是继秘鲁的马丘比丘之后南美洲最重要的考古发现。

　　波哥大是传说中的"镀金人"的家乡,"黄金国"的中心。走进黄金大厅,黄金制品更是栩栩如生,交相辉映,都是世界黄金珍宝,仿佛走进"黄金的世界"、"黄金的海洋",令人惊叹!其中镶有绿宝石的"黄金十字架"和一艘精雕细琢的"黄金船",价值连城。

　　黄金博物馆共分三层,陈列的黄金制品都来自印第安人,再现了印第安人灿烂的文化和浓厚的地方色彩。

　　波哥大,不愧为黄金之都!

　　哥伦比亚,快快黄金之国!

探秘黄金湖

汽车穿行在广袤的草原，茂密的森林……

在哥伦比亚，谁都知道有个黄金湖，相传那里藏有成千上万黄金饰品，令世人疯狂！为什么会藏有那么多黄金？几个世纪以来一直是个谜，成为"世界十大宝藏之秘"！

来到哥伦比亚，何不去探访一下呢？

哥伦比亚曾是"遍地黄金"的地方，是个产金大国。从公元前5世纪开始，当地印第安人便开始挖掘黄金。16世纪到19世纪，这里平均年产黄金达3500公斤，黄金产量占世界产量的40%，名列世界第一，因此有"黄金之国"的称谓。早年，西班牙刚刚入侵时，发现这里的黄金随处可见，称当地各个印第安人部落为"黄金国"。他们从非洲运来大批黑奴进行黄金矿产开采、掠夺，在280年间共掠夺走黄金1000多吨。

1000多吨黄金！这是什么概念？它要装满100多辆汽车啊！

靠山吃山，靠水吃水。因为有丰富的黄金资源，印第安人将黄金制成各种金器，已有2000多年的悠久历史。家家收藏，人人皆有，印第安人自古以来都习惯佩戴黄金饰品，哥伦比亚成了名副其实的黄金国度。

汽车在林间小路继续行驶。当我把话题转到黄金湖时，向导兼翻译卢女士说："黄金湖里有黄金。当地印第安人崇尚水和太阳，认为水是生命之源，太阳是生存之本。黄金湖圆圆的恰好可以比作太阳，黄金湖浸透着金子的水更加神圣，为此他们将黄金湖视作圣湖，每年都要步行去朝圣。而当地印第安人为了亲近圣湖，供奉圣湖，家家户户都在房前挖开一个像黄金湖那样的'小湖',以示财源滚滚。"

车行一个多小时,来到一座山脚下。看到树林中挂有一个湖的图案时,确信黄金湖到了。黄金湖坐落在山顶,至少还有8公里陡峭的山路。一位当地印第安人迎上来,自告奋勇作向导,带路爬山。

走啊走,爬啊爬,刚起步就汗水淋淋、气喘吁吁。这里的海拔已升至3000米,难怪高原反应这样厉害。穿过密林,攀登至半山腰,身体消耗太大,两腿发软,浑身无力,更加气喘吁吁,不得不坐在山石上休整小憩。回首山下,一幅秀丽的田园风光铺展在眼前,那样翠绿,那样绚然,那样宁静。"高反"飞到九天云外,身体一下子放松了!

继续攀爬!山路弯弯,悬崖峭壁,林木繁茂,杂草丛生,野花满山,仿佛走进一处仙境,神秘莫测,奇妙无比。

几经攀登,艰难爬行。一个多小时后,眼前一亮,树的缝隙中突然出现一丝湖面,当我用手扒开树枝一看,这不就是黄金湖吗?圆圆的,深陷在山顶,像一口巨形锅,像一个火山口,展现在眼帘中:平静的水面,纤尘不染,像一面镜子,装进蓝天白云,装进四周群山,装进树木花草。倒影,那么清晰!那么漂亮!那么绚烂!

啊!这就是如梦似幻的黄金湖……

啊!这就是神秘莫测的黄金湖……

这时,我走近带路的印第安人,询问黄金湖的来历。印第安人指着湖面说:"湖中有黄金,这是确切无疑的,但黄金是怎么来的呢?有专家说,

◆ 黄金湖

⬆ 黄金湖旁印第安人做祈祷的庙宇

这是一座金山,天上的勋石掉下来砸成大坑,雨水将金子冲刷到湖底。还有专家说火山爆发时熔岩可能含有黄金所以形成了黄金湖。"

印第安人讲完又说:"专家学者的说法有待考证,但我们当地印第安人也有自己的传说。"接着他讲起"酋长抛金"的故事:"很早很早以前,我们印第安人一个部落的酋长叫瓜达维达,一天,他发现妻子与他的保镖苟且,于是将这个保镖杀死,并分尸成块,煮熟后让妻子食下。妻子承受不了,于是逃跑跳进黄金湖。酋长后悔至极。当天晚上,妻子托梦给酋长,说她变成了水神,生活很幸福。为了重新获得妻子的爱,酋长全身涂抹黄金粉,手中拿了很多金子首饰跳进湖中送给妻子,换取妻子的谅解,也是对水神的爱戴。随之,这个湖被称为瓜达维达湖。从那时起,凡是这一带部落酋长继位,都要到黄金湖举行隆重的加冕仪式,酋长全身涂金跳湖,撒进大量金子首饰,供奉水神,以保平安。黄金湖成了印第安人顶礼膜拜的圣地。

由于成年累月的膜拜，据说湖底有 5000 万件金器。"

黄金湖里有黄金，令很多人垂涎。1535 年，西班牙人入侵哥伦比亚后，立刻瞄准了黄金湖。他们调来一队人马，用抽水机企图将水抽干，谁知暴风骤起，把抽水机卷入湖底，西斑牙人的寻金梦破灭了！

1911 年，英国探险家沃克带领 50 人，在瓜达维达湖边花了近一个月时间，挖了一条通道，将水引出，准备挖掘，但风起云涌，最终无功而返！

1913 年，沃克率领 12 名专家再次来到黄金湖打捞，掠夺金碗、金罐、金杯 500 多件，由于当地印第安人的阻挠，半途而废！

随后，葡萄牙人、荷兰人、德国人等先后闻风而来，都想一获千金，然而很多殒命于此，断了黄金梦……

自 16 世纪以来，对黄金湖的打捞一直没有间断，更引起了当地印第安人的不满，认为这是在破坏他们朝拜的圣地。

1974 年，哥伦比亚政府调动军队驻守，才使得黄金湖得到安宁，湖中黄金宝藏不会落入他人之手，黄金也永远沉睡在平静的湖底。

自此，黄金湖成了无法揭开的谜！

于是，黄金湖成了"世界十大宝藏之秘"！

▼ 家家户户都有黄金湖

神奇的地下盐教堂

距黄金湖不远处,有一座神奇的地下盐教堂,被列为"哥伦比亚第一奇迹",它是世界上独一无二的、最大的地下教堂,号称"世界第八大奇观"!

我从黄金湖驱车半个小时,来到盐教堂所在地——西帕基拉镇。

西帕基拉镇被誉为"盐都",几百年来因盐而发展,因盐而闻名。整个街区建筑统统为白色墙壁,像晶盐一样洁白地矗立在道路两边。街心有一个广场,耸立飘动着很多彩旗,还有一座站立捧书的人物雕塑,欢迎远方的来客,它见证了"盐都"的发展和盐矿的开采历史。

午间,我就是在广场边的一个老饭店进餐的,吃的是传统菜"盐锅土豆"。老板介绍:"过去这个镇最抢手的行业是煮盐业,昔日煮盐的大锅至今还保留着,用此煮熟的土豆非常鲜美可口。"

地下盐教堂离这里一步之遥。席间,饭店老板热情地介绍了盐矿的情况。一亿年之前,这里是无边无际的汪洋大海,因为地壳的剧烈变动,海水干枯,形成了一层巨大的盐矿。15世纪初,当地印第安人发现了这里蕴藏着厚厚的盐矿,便开始开采,西帕基拉镇也慢慢建立起来。

离开小镇,只5分钟车程便到达盐矿坑道进口,山上长满桉树,山坡铺满杂草,著名的地下盐教堂就在脚下。迎面看到一个手握铁镐的矿工巨雕,目光凝重,浑身充满力量,正面朝盐岩,艰难开采,展现了一名矿工的神采。旁边,站满了下矿参观的队伍,人山人海。据卢女士介绍:"这是世界最大的盐岩矿山,即使5万矿工同时开采,500年都不能采尽。"

我沿着坑道下行,黑乎乎的矿道闪耀着白色的灯光。盐岩反射出亮晶

⬆ 盐工雕像

晶的光芒。用手触,沙沙的感觉;用舌舔,咸咸的味道;用眼看,晶莹的光泽,真是到了盐的世界,被巨大的盐岩所裹挟,在盐的海洋中前行。

在盐矿坑道边走边听向导解说:"矿工大都是印第安人,他们是有信仰的。起初,他们在矿井中搭建祭台,供奉护佑女神瓜莎,祈祷上苍保佑平安。1834 年,矿工们将若干祭台合并,开凿了教堂雏形,在这里膜拜、朝圣。1953 年,矿工们别出心裁,在开挖的岩洞上雕琢了一座巨大的盐石教堂,充溢着神奇的地下宫殿色彩,一下子轰动了世界!"

在坑道行走大约 300 多米,两边洞穴中出现了一个个十字架,这是开凿的小教堂,形态各异,鬼斧神工。我在坑道中边走边看边数,像这样的小教堂共有 14 处,介绍了耶稣苦难的历程。每处小教堂都有平台,供人们膜拜祈祷。

当走到坑道的尽头,豁然出现一座巨大的教堂,庞大无比到令人吃惊和震撼的

⬆ 盐教堂地下通道

⬆ 虔诚的祈祷　　　　　　　　　　⬆ 地下最大的盐教堂可容纳8000人

地步！只见超高的门廊，超长的台阶，超深的洞顶，尤其是那白色的十字架，足有8层楼高，实在太壮观了！那神女、神牛雕刻得栩栩如生，那神龛雕琢得精致细腻，那空阔的穹顶和四壁都在一片幽暗之中，深邃莫测，神秘奇特，令人肃然起敬。

卢女士介绍："大教堂高25米，长125米，宽70米，总面积8500平方米，可容纳8000人，如果加上站立的空位，可容一万人。"

地下教堂中，有一座著名的雕塑"上帝的力量"引得很多人驻足。雕刻的裸体男人，用手臂传递力量。他提醒人们：有了信仰和理想，人类就能创造未来！

地下盐教堂！可谓世界第八大奇观……

第三章 厄瓜多尔
赤道之国

赤道从整个国家东西穿过，出现了种种奇特的自然现象：世界上最大的陆龟，世界上独有的爬行动物鬣蜥，世界上最多的物种，云云。达尔文在这里寻找物种起源，《物种起源》一书问世后震惊了全世界，"物竞天择"进化论的提出打开了一扇认识世界之门。于是，这里成了"世界独特生物活化石体现之地"、"世界最宝贵的自然保护区"、"世界最大的自然博物馆"，于是也成了"世界十大旅游目的地"！这里还拥有印加第二个首都基多、"厄瓜多尔的雅典"昆卡、巴拿马帽的故乡……

赤道纪念碑

进入厄瓜多尔共和国地界，太阳直射的角度变小，地上的投影变短，噢！赤道快到了！赤道东西横穿厄瓜多尔国土，屹立于南北半球分界线上。厄瓜多尔因而被称为"赤道之国"。厄瓜多尔（Ecuador），西班牙语意为"赤道"，为此，赤道成了这个国家的代名词和符号。

汽车在厄瓜多尔境内由北而南，向着首都基多（Quito）行驶。汽车或爬上山巅，或下到谷地，随海拔时升时降，在崎岖的山道上前进。

陪同踏访的阿尼女士说："我们国土面积只有25万多平方公里，人口1500万，是个不太大的国家，但我们因赤道的穿过而自豪和骄傲。很多外国人员来访，就是为了目睹一下赤道之国的风情，特别是闻名遐迩的胜迹赤道纪念碑。"

伴随着汽车上播放的土著人音乐，越来越接近首都基多。当穿过一片片新建的住宅区，蓦然，眼前出现了顶部为圆球的高大建筑，原来那就是赤道纪念碑。

沿着甬道，信步走向赤道纪念碑。甬道两边皆是科学家的雕像，

⬇ 赤道纪念碑旁的土著人主动当讲解员

不远处是南美国家联盟办公大厦。到达碑前,一座横跨赤道的棕色花岗岩建筑挺拔屹立,直上云霄。这座碑高30米,呈方柱形,四面刻着西班牙文字母E、S、O、N,分别代表东、南、西、北四个方向。碑身刻着"这里是地球的中心"字样。碑顶是一个用青铜铸成的直径5米的地球模型,在地球模型和碑身从东到西刻有一条白线,一直延伸到底部的广场,象征着地球被分成南北两半。当每年春分和秋分,太阳直射赤道,这里的人们就举行盛大的庆祝活动迎接太阳神的到来,因为此时太阳要经过这里。

▽ 赤道纪念碑

赤道纪念碑地处首都基多市中心的北部，四面环山，海拔2483米。

其实，距这里不远处还有一个旧赤道纪念碑，是当地人修建的。那里靠近市中心。那是280多年前，当地印第安人发现每年3月21日和9月23日太阳两次经过这里，于是他们视太阳为神。1735年，这里的印第安人通过立竿投影，将每年太阳两次经过的地方做了标记，认定这里就是"地球的中心"、"世界之半"。于是修建了高10米的赤道纪念碑。但随着科学技术的发展，科学家发现原赤道纪念碑有偏差。1978年由联合国组织多国科学家经过详细测量，在真正的赤道零度新建了这座纪念碑。

在赤道纪念碑，但见很多外国游客，纷纷站在赤道白线两侧留影，让自己的脚下一半在南半球，一半在北半球。有的人凝望天空找感觉，因为这里是离太阳最近的地方。还有的人称体重，因为赤道是地球上重力最小的地带，体重至少减一公斤。

站在赤道纪念碑，只见周围群山起伏，白雪皑皑。周边环绕着4座4000米以上的火山。

一脚北半球，一脚南半球。

在赤道线上撑起地球

赤道上的首都基多

基多在11世纪就是印第安人基图部落的居住之地，基图后来演变为基多，并建立了"基多王国"，慢慢发展成现在的大都市。基多誉为"世界中线之城"，它处在赤道，却并不炎热，气候凉爽怡人，其原因是整个城区坐落在安第斯山皮钦查火山山谷中。

基多人口180万，海拔2850米，是世界上海拔第二高的首都，仅次于玻利维亚首都拉巴斯。1979年，基多被列为世界文化遗产。

从汽车车窗向外看去，基多城

↑ 自由女神像

区依山而建，呈南北走向，最明显的地标是面包山上的女神石雕像，那是所有外来客人必到之地。

沿着弯弯的山路，穿过一道道街区，汽车最终爬至面包山顶。下车后，顿感有些头晕，这里的海拔应该接近4000米。抬头一望，一尊巨大的亭亭玉立的女神雕像矗立在眼前，给人一种神秘的感觉，她是基多人民争取独立自由的象征。女神像高30多米，由7000块金属片组成。她头戴花环，背嵌鸽子翅膀，手持铁链，脚下踩的是恶魔，预示国家要和平，不要战争；

要正直，不要邪恶。女神的整个造型是仰望天空，拥抱全城，护佑首都人民平安。阿尼女士指着女神像说："这是全城人民的精神寄托，我们希望和平、自由、博爱！"

站在面包山，俯瞰全城，一览无余。那一条条街道，一座座房屋，错落有致，依山而延伸，特别是殖民时期的建筑，为这座古城增加了神秘的色彩。谈到这些殖民时期建筑，阿尼女士介绍说，基多过去属于印加帝国，曾作为印加帝国北部疆土的首都。1532年沦为西班牙殖民地，直到1822年才结束西班牙的统治，城内留下大批西班牙时代的建筑，美轮美奂，是整个南美洲保留最完好的历史名城，有极强的艺术魅力。基多因此被誉为"安第斯大博物馆"。

基多分新城区和老城区，最精华的部分在老城区的中心地带。下山的路上，穿越老城区上上下下的道路，高高低低的建筑，立体的山城，到处是古老的殖民时期的房屋。据悉，基多的古老建筑在整个拉丁美洲保存最完整，其中有印加帝国金字塔遗址、皇家会客楼、施恩会、圣母堂等，都是一类

▼ 俯视基多全城

⬆ 城中心的格兰德广场

文物保护建筑。这些建筑都体现了基多古代15—17世纪的艺术成就,享有珍贵的历史文化价值,尤其教堂达87座,可以说整个老城区就是一个大的博物馆。

几经上坡,几番下坡,最后到达古城区中心地带格兰德广场,又称独立广场和中央广场,它是老城区的起始地。广场西北方向为总统府,那是一座二层楼高的建筑,底层的20根廊柱一字排开,非常壮观,顶部飘扬着厄瓜多尔的国旗。总统府一侧的白色建筑为天主教堂,始建于1550年,已有400多年的历史,绿瓦圆顶,灰白圆柱,是

⬆ 孔帕尼亚教堂

阿拉伯、波斯和摩尔人的建筑风格混合体。教堂外墙用金叶镶嵌着基多城奠基者的姓名,教堂内挂有一幅达·芬奇的油画《最后的晚餐》,还有独立

↑ 黄金镶嵌的教堂墙面

领袖苏克雷的陵墓。天主教堂对面为大主教堂，一排柱廊建造得也很漂亮。

继续前行，步入一条古老的街道，沿这条步行街大约行走 50 米，路的右边又是一座古老的教堂，名为孔帕尼亚耶稣大教堂。教堂正面的拱形大门上、四周墙面及天花板镶有精美的金叶图案，墙体已变成暗灰色，上面的镌刻、浮雕年代都已久远。走进教堂，真让人大吃一惊，教堂里全部

是黄金装饰,金碧辉煌。据介绍,这座教堂始建于 1605 年,用了 160 年才建成,共用去 7 吨黄金,被称为"黄金教堂"。这是厄瓜多尔最漂亮的教堂,最大的特点是摩尔风格,还有完美的对称性、象征性的元素及多种元素的融合。

圣弗朗西斯科广场的正面为圣弗朗西斯科修道院,这是基多城区最大的殖民地时期建筑及最古老的修道院,建于 1534 年。天花板装饰代表着 8 大行星围绕太阳旋转的摩尔风格。巨大的纯白色塔顶背后是皮钦查火山。这座修道院是巴洛克式建筑风格的杰作,是西班牙美洲宗教建筑的典范,它由一座大教堂和几座小教堂及众多的回廊组成,内藏印第安人、西班牙人的绘画名作。

在老城区,我还来到了圣多明格广场。圣多明格广场、圣弗朗西斯科广场和格兰德广场,这三大广场基本呈现了整个老城区的风貌。

基多,作为印加帝国北部疆土的首都,城区建设与自然环境巧妙融在一体!

南美,将首都列为世界文化遗产的还不多见!

基多,融入了浓浓的印加文化和殖民色彩!

⬆ 广阔的圣弗朗西斯科广场

探索龟岛——科隆群岛

清晨从基多市乘飞机沿赤道西行，飞向太平洋中的科隆群岛，又称加拉帕戈斯群岛。加拉帕戈斯在西班牙语中意为"龟"，所以也称龟岛，位于厄瓜多尔西部1000多公里的太平洋海面上，由巴尔特拉岛、圣克鲁斯岛、伊莎贝尔岛等19个火山岛组成。这里有许多世界桂冠："世界十大旅游目的地"、"世界最大的自然博物馆"、"世界最宝贵的自然保护区"、"世界独特的生物活化石体现之地"等等。2007年，被列为世界濒危自然遗产。

经过一个半小时的飞行，飞机降落在巴尔特拉岛。机场是昔日美国的一个军用机场，它是通向科隆群岛的唯一空中航道。第一次踏上这个陆岛，完全被这里的景色所迷恋：蓝天、白云、绿树、青草、鲜花，五彩缤纷；珍禽、野兽、飞鸟、蝴蝶，五彩斑斓。远离世俗，这里仿佛世外桃源，风光无限，非常惬意。向旷野凝望，那里有大片大片野生的仙人掌树和荒芜的草地，地上爬着巨大的蜥蜴，还有许多叫不上名字的动物，天空中飞着奇异的鸟，这一切的一切是那样新奇，好像到了另一个世界。

20分钟车程后，我到达海岛边的一个小码头，又乘坐十分钟轮船，登陆另一个海岛，名为圣克鲁斯岛。这个海岛别有洞天：密密麻麻的原始森林，半人高的野草，阴森潮湿的土地，好像进入原始社会野人出没的地带，眼前动物、植物，统统叫不上名字，给人一种神秘之感。正当注目林中生物时，眼前忽然出现一只一米多长的巨龟，在草地上爬行。顺着巨龟爬行的方向，又发现一只、两只、三只……众多巨龟！有的在树下、有的在溪旁、有的在岗坡，这才明白为什么这里叫龟岛。当地土著人鲁先生说："这里的巨龟

↑ 200多公斤重的巨龟

成千上万，身长多在一米以上，体重180公斤，龟背上站两个人都没问题，最重的可达250公斤，寿命在百年以上，寿命最长的达400年。夜晚来临，它们会住在一起。每到产卵期，它们便纷纷到海滩上挖坑产蛋。它们不善于运动，因此有人曾提出生命在于静止。"鲁先生接着介绍，由于捕鲸者大量捕杀，巨龟在逐渐减少，国家采取了保护措施。1998年阿尔基多火山口爆发，国家出动直升飞机将岩浆流淌方向的巨龟运走，成为世界报道的热点新闻。

　　正听着鲁先生讲巨龟习性时，一只巨大的鬣蜥从脚下爬过，吓我一身冷汗。这只鬣蜥一米多长，黑苍苍略带浅黄色，这是平生第一次见到这么大的蜥类动物，很像恐龙。鲁先生说："不必害怕，它不会伤人。鬣蜥和巨龟一样是两栖动物，同样是成千上万，走路需要加倍注意，一不小心就会踩到。曾有一个客人在海边走累了想坐在岩石上休息，哪知一屁股坐在鬣蜥上，当时就被吓晕了。鬣蜥在岩石中，海岸边，森林里，太多太多了。这种蜥蜴的始祖在中生代，世界上只有这里才有，鬣蜥也是科隆群岛特有的一种奇特动物，这种史前爬虫类动物在这里幸存下来，并不断进化，脚趾正如

⬆ 巨蜥

人的手掌。它们在产卵期,会长途跋涉到火山口,在那里生儿育女。

　　放眼四周,飞禽走兽真是太多了。这与这里的气候环境有关。秘鲁有寒流经过,海岛尽管位于赤道,却又被浸在寒流中,形成很多奇观,又由于这里远离大陆,动物以自己固有的方式进化着。鲁先生介绍,在科隆群岛,生长着大量世界稀有珍奇物种,有 700 多种动物、80 多种鸟类和上千种昆虫,如海狮、海狗、蝙蝠、鹈鹕、火烈鸟等,还有 800 多种植物,如仙人掌树、斯卡雷西亚树、腺果藤树、醉鱼树及蕨类植物。可以说奇花异草荟萃,珍禽走兽云集。

　　科隆群岛之所以物种如此之多,主要原因是远离大陆,1535 年欧洲一位修道士经过这里发现了此岛,命名该岛为拉斯·恩坎塔正斯,意为"被迷住的"。后来一些海盗和捕鲸者在岛上隐匿。16 世纪许多西班牙航海家曾在岛上停留,但一直没有人长期居住。后来一些印第安人迁至岛上,过起了与世隔绝的生活。尽管有捕鲸船和海盗登陆,但海岛一直未被世人所注意,直到著名生物学家达尔文的到来,才让科隆群岛名声大震。

那是1835年，26岁的查尔斯·达尔文乘坐"小猎犬"号航船于9月17日登陆科隆群岛，他先后去了圣克鲁斯岛、圣玛丽亚岛、伊莎贝拉岛，日夜兼程进行考察。他看到这里这么多独特动物，奇异的花草，而且百看不厌，百思不解，从而产生一连串的问号：为什么鸟有长而尖的嘴？为什么食长虫的鸟有一个乳头状的喙？为什么巨龟在不同的岛上习性不同？达尔文感到这里的动植物为适应自然环境而在不断发生改变，慢慢产生"适者生存"的进化想法。经过一个多月的实地考察，他满载而归。回英国后，他写出了《物种起源》这本巨著，一经发表立刻震惊了世界。"进化论"打开了一扇认识世界之门。

圣克鲁斯岛建有达尔文考察站，走到这里我看到门口立有达尔文塑像和世界自然遗产标识，这里就是当年达尔文考察的地方。走在

→ 奇特的花朵
← 独有的树种
→ 罕见的仙人掌树

第三章　厄瓜多尔：赤道之国 | **049**

↑ 达尔文雕像

达尔文当年走过的山路上，满目青翠，一切均回归了自然。山坡长满古树藤枝，仙人掌尤为突出，千姿百态，枝叶繁茂，都有上百年的树龄。这里的仙人掌都是树的形状，而且树干、枝杈特别粗，像松树一样，非常独特。仙人掌树叶是巨龟、鬣蜥等动物的极好美食。在占地面积很大的达尔文站，设有巨龟、鬣蜥养殖基地。

这里还新开辟了一块土地，准备建"孤独的乔治"纪念馆。原来这里曾有一只雄性象龟名气很大，名叫"孤独的乔治"，它是世界上仅存的一只象龟物种，极为珍贵。为了让它"传宗接代"，人们曾选了很多龟前来配种，但均遭失败。2012年6月24日，孤独的乔治不幸死亡，引起很多外媒报道：世界上最后一只加拉帕戈斯象龟去世，表明这一物种绝迹。

科隆群岛是众多火山喷发后形成的，走在岛上，高山峻岭怪石嶙峋，随处可见熔岩峭壁和火山堆。这些火山都是年轻的火山，至今还留有很多火山口。

在圣克鲁斯岛，有三个火山坑一字排开。最大、最活跃的活火山口在伊莎贝尔岛。

乘船一个多小时，我来到伊莎贝尔岛，这里也曾是达尔文当年考察过的海岛，面积要比圣克鲁斯岛大得多，岛上有6个大火山口，从卫星图上看十分明显。

在当地向导的带领下，我们沿着崎岖的山路穿过红树林，步行一个半小时登上海拔1370米高的塞拉尼右拉火山口。当时天空正飘着小雨，整个天幕被大雾笼罩，什么也看不见。突然云开雾散，一个硕大的火山口顿时呈现在眼前：宏阔、深坠；黑洞洞、苍茫茫，依稀可见坑里的黑色熔岩。啊！这就是塞拉尼右拉火山口！

据向导介绍，这个岛是100万年前由火山喷发形成。塞拉尼右拉火山口于2005年曾喷发，直径为10公里，仅次于世界第一大的坦桑尼亚恩戈罗恩戈罗火山口。

返回驻地圣克鲁斯岛的阿约拉港，天色已晚。阿约拉港是整个科隆群岛中最大的镇，住的多是土著居民。镇子不大，房屋也建得都不高，但家家户户都被掩映在花树之中，不管走到哪家院门，都是花枝招展，绿意盎然。街心有很多"龟"的雕塑，展示当地居民对龟的崇尚。向导说："很少有中国人到此来，第一次是中国一位副总理，第二次是中国的8名潜水员。"

繁星满天，我坐在大街上的露天餐厅。龙虾、大蟹、鲑鱼应有尽有。吃着鲜美海味，聆听着土著人的音乐，观看着印第安人的舞蹈……

科隆群岛，沉寂在夜幕之中……

巨龟之岛，掩埋在歌舞声中……

▽ 终于爬上塞拉尼右拉火山口

"太平洋的滨海明珠"瓜亚基尔

厄瓜多尔,赤道横跨其东西,著名的安第斯山脉穿越其南北,造就了多样的地形、多样的气候、多样的风光。在踏访厄瓜多尔北部之后,顺安第斯山沿泛美公路由北而南一路向南部地区进发。那里有厄瓜多尔第一大都市瓜亚基尔,有世界文化遗产昆卡古城,有桑盖国家自然保护区,有举世闻名的巴拿马帽产地之乡……

从基多沿安第斯山脉南行200公里到阿共西市,再西行100多公里到达平原沿海城市瓜亚基尔,这是厄瓜多尔第一大城市,人口210万。

← ↑ 猴雕背后为圣安娜山

刚要进入市区,只见一座巨型猴子雕像耸立在眼前,灵敏动人,栩栩如生,展开臂膀好像欢迎外来的客人。

迎面看到两座山,一座叫圣安娜山,另一座叫圣卡门山,从山脚到山顶盖满了各式各样的房屋。两座山矗立在瓜亚斯河和道莱河的交汇入海处,像窈窕淑女翘首眺望烟波浩渺的太平洋,又像一双展起的翅膀正要飞向大海。有人说,这两座山是瓜亚基尔的灵魂,助推了城市的发展和前进。

城中心教堂林立

瓜亚基尔市坐落于瓜亚基尔湾的瓜亚斯河岸边,被称为"太平洋的滨海明珠",是一座古老的城市,始建于1535年。相传最早栖居在这里的是一对印第安夫妻,女的叫瓜亚,男的叫基尔,后人为了纪念这对伴侣遂以"瓜亚基尔"命名城市。瓜亚基尔是瓜亚斯省首府,是全国工业、商业中心,类似中国的上海,是一座美丽的海滨城市。

走在瓜亚基尔大街,现代化高楼林立,有特色的大厦座座相连,这里也有殖民时期的建筑,西班牙风格尤为突出,可谓现代与古典相结合的大都市。

在市中心的百年广场,看到1920年建造的巨大的解放纪念碑,著名的弗朗西斯科大教堂拔地而起,气势宏伟,掩映在绿树丛中。教堂前的公园里坐满了人群,悠闲地交谈说笑着,安逸自在。

我沿着最繁华的10月9日大街,穿过百年广场,来到达马莱孔滨河大道。滨河大道沿瓜亚斯河延伸,沿岸修筑了很多现代化设施,市政厅、政府办公大楼就坐落在这里。马莱孔滨河一带风景秀丽,引来许多游客驻足观赏。

行走在市区,有很多人物雕像极具特色,尤其是南美独立运动领袖玻利瓦尔和圣马丁的塑像。在塑像前,当地人介绍了两位英雄在此会晤的情况。那是 1822 年,这两位民族英雄会面于此,商定共同把西班牙殖民者赶出南美大陆,让南美各国彻底解放独立。这年 7 月 25 日,阿根廷民族英雄、南美南部独立领导人圣马丁来到瓜亚基尔,与南美北部的民族英雄、委内瑞拉革命领袖玻利瓦尔会谈。这两位享誉南美的"南北巨子"会晤了两天。但这次绝密会晤内容并没有向外透露,只有两人知情。正是这次会晤,让瓜亚基尔名声大震。为此瓜亚基尔成为南美洲历史上的一个重要地标。

然而,令人没有想到的是,会晤结束后,圣马丁返回驻地,郑重宣布辞去军队统帅。圣马丁在辞职时对议会成员说了这样一番话:"而今桂冠布满了整个南美洲战场,我的头颅却要躲避最后胜利的桂冠!我的心灵从来没有被甜蜜的感情流动过,然而今天却激动了我的心!对一个为人民的自由、民主、幸福而战的斗士来说,胜利的喜悦只能更加诚心诚意地为人民享有权利去努力……在这届国会上,我辞去所拥有的一切最高权力!"随后,圣马丁离开了自己的祖国。他说:"我并不寻求荣誉,我的剑绝不为争权夺利而出鞘!只要祖国和整个拉丁美洲真正独立,我将远远地离开这里。"圣马丁这个民族英雄,受到全世界人们的盛赞,称他为"一个在历史上几乎无双的灵魂"!

瓜亚基尔,历史进程中民族解放运动的基石!

海滨大道边立有很多雕像

"厄瓜多尔的雅典"昆卡

古城昆卡地处瓜亚基尔东南部120公里的安第斯山群岭之中,是厄瓜多尔第三大城市,被誉为"厄瓜多尔的雅典"。1999年,被列为世界文化遗产。

我乘坐的汽车沿泛美公路到达这里,站在一处山崖俯瞰全城:四周山峦起伏,中间盆地中白墙红瓦,纵横街道,间或绿树,密密麻麻。其中有四条河穿城而过。昆卡海拔2580米,人口60万。

⬆ 地标大教堂

原秘鲁总督安德烈斯·多尔塔多·门多萨用他的家乡西班牙昆卡的名字命名了这座城市。昆卡是厄瓜多尔最美的城市,连续三年被列入《国际生活杂志》美国人养老胜地榜首。

当地向导金马龙介绍,昆卡市始建于1557年,原为印加帝国汤班巴城故址,是典型的内陆殖民地城镇。城市的规划是按照当时西班牙国王查理斯的意图设计的,400多年来一直遵循这个规划建造发展起来,直到现在看起来依旧很整齐。昆卡是按文艺复兴建筑风格在南美进行城市规划的成功的、杰出的范例,把不同文化、不同社会的成功融合,通过昆卡布局来生动体现。

汽车从山崖沿着弯弯的山路一直开到市区,下车后漫步大街。两旁的楼房多是殖民时期建筑,尤其是保留了强烈的西班牙殖民文化的历史建筑。

第三章 厄瓜多尔:赤道之国 | 055

⬆ 殖民时期建筑　　⬆ 最古老的低矮廊柱房屋

钢制的阳台和木质的大门，从墙面上看非常明显。金先生说："洁净墙面的为西班牙风格，有浮雕的多为法国建筑，很容易区分。"街道很窄，都是石子小径，古香古色，还有艺术画廊和各式作坊，展现出这座城市的独特魅力。

当金先生带我走进当地印第安人的街区，又是一番风韵。房屋明显低矮，这是因为印第安人个子不太高的原因。临街的墙体是一根连一根的廊柱，都有上百年的历史，这些廊柱是当年用来拴马的，一直保留了下来，这是和殖民者所建房屋的最大区别。印第安人沿街开的店铺也很多，尤其是烧烤。最吸引人的是烤全羊，店主把整个烤好的羊摆放到门前，让人垂涎欲滴。

古城中心的卡尔德隆广场最为热闹。为什么叫卡尔德隆？我问及金先生，他说："卡尔德隆是一位民族英雄，曾参与了有政治意义的战争谈判，人们很尊敬他，为此在广场立有他的塑像。卡尔德隆广场又称卡里伦广场。"广场有很多参天大树，一侧为德国人所设计的一座圣女纯洁教堂。教堂长105米，宽43米，共建了100年，是拉丁美洲最伟大的作品之一，其蓝色圆顶是昆卡的象征。走进教堂，里面装饰豪华，众多雕塑讲述了一个个历史事件。在这座红色教堂的对面，还有一座白色教堂，建造年代也很久远。

昆卡不仅有许多古典风格浓厚的殖民建筑，还有很多历史文化遗迹。建于1803年享誉南美的昆卡大学及艺术学院，走出了许多厄瓜多尔著名知识分子和诗人。

昆卡的优雅，昆卡的文化，昆卡的幽静，吸引了很多外国人前来度假。据介绍，很多美国人都选择了昆卡，享受安逸、缓慢的生活节奏。

昆卡的圣安娜历史中心更是一个好去处，坐落在一个山谷里的小镇，位于卡皮斯特拉努方向的火车道交叉处，被群山环抱，是典型的内陆殖民地小镇。这里有40户人家，其中蒙塔内兹、里奥和西尔瓦斯3户是著名的土坯建筑。

↑ 石板街

↓ 昆卡大学艺术学院

巴拿马帽的故乡

一提到世界闻名的巴拿马帽，人们自然会想到巴拿马。其实，巴拿马帽并非产自巴拿马，而且是产自厄瓜多尔的南部昆卡一带。这和中国"天津鸭梨"并不产自天津一样。

穿行在昆卡的乡下，只见这里建有很多巴拿马帽加工厂，规模有大有小，甚至还有一座巴拿马帽博物馆，记述巴拿马帽的生产历史。

在一家巴拿马帽编织厂，看到厂院里垛满了干草，是加工帽子的原料。

▼ 深入农家与编织能手交流

来到车间，工人们正在紧张地编织，草叶在手里弯来弯去，转上转下，扭东扭西，像飞针走线，一会儿帽子就编好了。看上去，编好的帽檐微微上翘，有些嬉皮味道，性感而酷味十足。

我又去了乡下的农户家，这里家家户户编织草帽。当走到一位正在熟练编织的小姑娘面前，她笑哈哈地说："编多了就会顺手，很快编织一顶，这是一门手艺啊！"小姑娘是印第安人，她告诉我她的母亲就是一位编织能手，在这里很是有名，完全继承了老祖宗留下来的编织技术。

↑ 在生产车间试戴新出产的红色巴拿马帽很时髦

他们所编织的草帽大都出口，销往世界各地，非常抢手。当问起为什么不叫厄瓜多尔帽而叫巴拿马帽时，一位销售人员低头沉默了一下："别提啦，一说牌子我们就伤脑筋。巴拿马根本不产这种草编帽，我们最早把帽子运到巴拿马，谁知人家打上巴拿马的商标，运至世界各地。这样一来，巴拿马的牌子名扬海外，大家都认为帽子是巴拿马出产的，其实不然，原产地是我们厄瓜多尔。如今，如果我们用厄瓜多尔的标牌，帽子就卖不出去，世界上的人们不认啊！"

巴拿马帽，成为世人追求的品牌。新颖、环保、无污染，戴在头顶非常舒适。白色草帽中间那道黑色布条，黑白相间，落落大方。当年，精细的巴拿马帽是身份的象征，许多贵族、商人和富翁专门挑选巴拿马帽戴，以显示其绅士气质。殖民地时代背景的电影里，很多政客、文人戴的就是巴拿马帽。法国女作家杜拉斯的小说《北方的中国情人》里，中国情人就是戴着绅士的巴拿马帽征服了法国才女的。巴拿马帽又称爵士帽，好莱坞明星都喜欢这种帽子，带有嬉哈味，几乎成了必备的扮靓诀窍。

走进巴拿马帽博物馆，这里收藏了很多巴拿马帽，墙上挂满了各个时代出产的帽子，式样各不相同。同时还展示了很多知名人士戴着巴拿马帽的照片，包括一些国家总统。

馆长说："特级巴拿马帽出自蒙特克里斯蒂，那是世界上最昂贵的。编织一顶需要花费5个多月的时间。这种帽子的做工非常精细，弹性好，精妙到绝伦的地步。好在哪里呢？折叠卷起后可放入一个铅笔盒中，拿出来一打开则又恢复帽子原状，可谓帽中之王。"馆长介绍，目前厄瓜多尔掌握这种高超技术的人少了，为了不失传，他们正在加紧培养人才，使巴拿马帽的声誉响遍全球。

巴拿马帽，它的根扎在这里，却不能改变现实……

厄瓜多尔，痛定思痛，深深领悟品牌的效应……

▼ 巴拿马帽半成品

第四章 秘鲁
深印众多历史遗迹的国度

秘鲁曾是印加帝国首都的所在地,雄霸南美大片疆域,包含了今天的玻利维亚等国,留下很多历史遗迹,其列入世界文化遗产的数量居南美前茅。行走在这块昔日印加帝国的疆土,到处散发着旧时期的历史文化气息:那失落的马丘比丘,那古朴的"天空之城"库斯克,那被遗忘的利马旧城,那废弃的昌昌古城,那残存的纳斯卡地画……无不记述着过去的灿烂和文明!

"无雨之城"利马

一路风尘，一路风光。汽车在秘鲁（Peru）大地行进……

秘鲁共和国首都利马（Lima）坐落在太平洋沿岸、利马克河畔，是世界上有名的"无雨之城"、"玛卡之乡"。又因终年阳光灿烂，被称为"南美洲的花园城市"、"南美洲最富庶、最秀美的城市"等，尤其是利马古城，历史遗迹很多。这个拥有850万人口的古都，已有400多年的历史。1988年，被列为世界文化遗产。

进入市区，首先来到老城中心的马约尔广场，原称武器广场。华人向导庞金洪介绍："那是1535年1月18日，西班牙远征军首领弗朗西斯科·皮

▼ 利马马约尔广场周边依次为市政厅、教堂、总统府

萨罗下令在老城的地基上建造的。当年,城区由此向四周延伸成棋盘式街区。马约尔广场四周分别建有皮萨罗宫、市政厅和大教堂。皮萨罗宫是当时弗朗西斯科的官邸。1536年布拉斯科·努涅斯·德维拉来到利马任总督后改为总督府,即现在的总统府。1650年在广场中心建造了铜质喷泉。"

圣马丁广场因立有圣马丁骑马的雕像而得名,处在马约尔广场附近。

顺着拉姆帕古街来到圣弗朗西斯科女子修道院,这是西班牙时期最典型的建筑杰作,始建于1774年,堪称秘鲁最宏伟壮美的宗教建筑群,包含了圣弗朗西斯科教堂、拉索莱达教堂和埃尔米拉格罗教堂等。走进修道院,门口是站立的汉白玉女神全身雕塑,里面令人惊叹的是保存完好的二楼图书馆,藏有25000本书,二是修道院的镇馆之宝"地下天堂",地下洞穴之

→ 修道院大门庄重古气、精雕细刻
→ 圣弗朗西斯科女子修道院全景
← 修道院前厅的女神像慈祥端庄温存

中有7万人骨。

在利马，显示其悠远古老的是金字塔遗址，已有上千年的历史。走近遗址，顿感塔的规模太宏大了，外部全部由黄色土砖砌起，像个山丘矗立在现代化建筑群中。金字塔是用来埋葬国王的，从塔的最下层向上，每去世一个国王，便下葬一层。这是秘鲁最大的金字塔，塔内有隐秘的入口，后方是皇宫的主要部分。金字塔顶部本是祭祀平台，近年来考古专家却发现上面尚有墓穴存在，开挖出两具儿童木乃伊，令世人惊叹。金字塔下部，还发现华人的坟墓，那是中国人初到秘鲁时安葬的地方。

据介绍，在利马城郊，还有几处金字塔，是南美洲最大最多的金字塔群。令人费解的是，前两年竟有一名无知的房地产商一夜之间将一处金字塔夷为平地，引发政府和群众的极大愤慨，当即被捉拿归案。

在利马市南郊，还有一座帕恰卡马克神庙遗址，极其古老和沧桑。

利马市也有现代的东西。当信步走向米罗佛伦雷士海岸，惊奇地发现有座呈浅红色"亲吻"的情爱雕塑，栩栩如生。那一男一女接吻非常投入，令你仿佛看到了吻者的内心世界，展示了艺术家的才能和表现力，引众多人驻足观看。这里还常进行"亲吻"比赛，看谁"亲吻"的时间长。在"亲

金字塔

吻"雕塑四周，筑起艺术之墙，朦朦胧胧的图画，你侬我侬的诗句，将男女之爱印刻其中。原来，这个地方叫"爱情公园"，面临一望无际的蓝色大海，白色细沙的海滩，波涛起伏的浪花，给人以浪漫之感……

关于利马市，起初我以为是因穿过市区的利马克河而得名，其实与河毫不相干。利马在当地阿伊巴拉土著人语中意为"黄色的花果"，是此地

↑ 情爱雕塑

一种树上结的黄橙。在当地克丘亚土著语中意为"絮絮叨叨"。

沿街而行，让中国人新奇的是这里的饭店门口大都写有"CHIFA"的标牌，中文发音为"吃饭"。在大街上无论碰到哪个利马人，只要向他发出"吃饭"的音，他会马上向你指出附近饭店的位置，因为当地人对"饭店"、"餐馆"都发"吃饭"的音。原来这源于中国最早的移民。中国移民从1840年就开始了，特别是1849年至1874年，从中国招募的华工人数达9万之多，但后来很多人死亡，剩下的只有2000人。纪实文学《沙国之梦》一书描写了华人那段不平凡的历史。这是一个破碎的梦，悲惨的梦。早年的华人占秘鲁移民的绝对优势，一天一位华人请秘鲁人到家做客，当将饭菜端到桌上连连喊着请客人"吃饭"时，秘鲁人怎么也听不懂。于是，这位华人捧起碗一边大口大口吃，一边大喊："吃饭、吃饭"！这时，秘鲁人才明白：噢！这叫吃饭。之后，一传十，十传百，"吃饭"二字深入人心，成了秘鲁人人皆知的符号。目前，华人占秘鲁总人口12%。在利马华人有上百万，中国餐厅达3000多家。有人调查，每50米就有一家中餐馆。一个半世纪以来，华人从中国引进了韭菜、茴香、芥菜、苤蓝等多种蔬菜，都试种成功！

在一家中国餐厅，当地一位华人激动地对我说："来吧！秘鲁是个好地

方!这里有很多中国元素。闻吧!利马大街飘荡着中国香气!"

走进一家超市,在保健品柜台人们排起长队,我意外看到这里玛卡非常抢手,便就玛卡询问庞金洪向导。

玛卡(Maca)是秘鲁的国宝,有"秘鲁人参"之称。在印第安人语中,玛卡含义为"母亲"。这种植物生长在海拔4000米至4800米的安第斯山脉高原上,尤以秘鲁胡宁大区的玛卡最为著名。庞金洪介绍说:"在高海拔地区,动物难以生存,植物难以生长,几乎寸草不生。然而,玛卡却神奇地生长在那里,忍受着高寒缺氧、强烈紫外线,顽强地挑战着极限。如此艰难地生长,必定含有特殊的营养成分。玛卡每种一季,土地必须休耕6年,否则,难以继续生长。"

柜台售货员是一位印第安人,听她介绍:"印第安人种植玛卡已有3000多年历史,始于公元前1600年。起初当地土著人用玛卡喂牲口,发现牲口体壮无比,力大无穷,后来才转为人食。印第安人建立强大的印加帝国不能不说与玛卡有关。因为士兵常吃玛卡,用玛卡增强体力,所以所向无敌,屡打胜仗,称霸了大半个南美洲。"

这时,庞向导小声对我说:"这位印第安人售货员我认识,她是兄妹通婚。印第安人的风俗习惯是兄妹之间结婚,上千年来都是这样。现在医院印第安人生下的婴儿20%都是畸形,均源于近亲结婚。"

庞金洪向导年近半百,每天食用玛卡,他说,玛卡确有消除疲劳、提高免疫力、促进睡眠等神奇的功效,且没有任何副作用。1992年,联合国粮农组织将玛卡作为一种安全保健品向全世界推荐。秘鲁玛卡年产量1500吨,畅销欧美等40多个国家,其中美国销量占据第一位。

据悉,中国的西藏、云南已引种玛卡,这是世界上唯一引种成功的地区。但是,质量和成效与秘鲁有一定差距,有待进一步试种、实验。

利马,古老与现代的并存。

秘鲁,流淌着华人的血脉。

⬆ 卖花女
⬅ 印第安人展示民族服装
⬇ 在总统府前与利马国家电视台记者交流中秘友情

第四章 秘鲁：消印众多历史遗迹的国度 | 067

印加帝国的首都库斯科

汽车在疾驰，车轮在飞转……

从海拔 150 米的利马驱车东行，海拔一路飙升，当车行 6 个小时海拔提升至 3410 米时，进入库斯科市区边缘。1983 年，库斯科被列为世界文化遗产。

库斯科在当地克丘亚语中意为"天空之城"。我从汽车上下来，站在高处俯瞰，眼前的库斯科全景一览无余。

这时，庞金洪向导指着谷地中的城区介绍起来。

以印加古迹闻名于世的库斯科坐落在安第斯山脉的盆地中，它不仅称作"天空之城"，还被誉为"安第斯山王冠上的明珠"、"南美洲建筑之都"、"南美洲的狮身"。

何谓"南美洲的狮身"？我有些疑惑。庞向导又指向城区说："整个库斯科城是按狮子的身形设计的，其轮廓清晰可见。你看：狮的头部是萨克萨瓦曼圆形古堡；狮的心脏部位是印加王宫和中心广场；狮的肚脐为太阳神殿；狮的背上和下腹分别是图鲁马约河和瓦塔奈河；狮的尾部是印加王室贵族的宅院。"

美洲狮是印加崇拜的偶像。库斯科城是从的的喀喀湖迁来的印加部落印第安人创建的。很早很早的时候，这里是一个叫阿卡玛卡的小村庄，里面住着四个印第安人部族，房屋都是用石头砌起。11 世纪印加帝国初期，开国帝王曼科·卡帕克主持规划"狮城"的建造，除整个城区样貌按狮身形状修建外，大街巷道还盖起了低矮的房屋，以白色为外墙，以巨石做墙基，以石板铺街道，这均为典型的印加风格。建成后，这座城市成为印加帝国

↑ 狮城的标记

的首都，并以此为中心，建立了印加帝国。

　　1533年，西班牙殖民者占领了这个城市，之后又建造了大量西班牙风格的教堂、修道院及精美的住宅，使库斯科城既富印加帝国风格，又有西班牙情调，两者虽大不相同却浑然一体。印加帝国时代的街道、宫殿、庙宇和房屋依然保存完好，殖民时期的建筑至今也没有损坏。

　　汽车拐到库斯科城北山顶，来到"狮"的头部——印加遗址萨克萨瓦曼城堡。这是典型的印加建筑风格，尤其圆形古堡举世闻名。圆形古堡是印第安人祭奉太阳神的地方，也称"太阳祭"。每年6月24日是印第安人最重大的节日，即太阳节。他们在这里祭奉太阳神，绝对崇拜太阳。太阳节和玻利维亚的奥鲁罗狂欢节、巴西的桑巴狂欢节一起并称为南美三大狂欢节。

　　古堡建在山丘上，为巨大的防御系统，是整个美洲古代印第安人最伟大的建筑之一。古堡最高处是由三座塔楼围起来的一个三角形，圆柱体主塔基层呈放射状，塔内有温泉，宏伟壮观，这里也是印加国王的行宫，显示了当年印加王朝的强大。建筑群从上到下共有三层石墙，每层石墙高18米，长540米。最下一层石墙长达800米，气势更加恢弘，砌墙石块达9米之高，5米之宽，重上百吨。这么大这么重的石块是如何运来的呢？难以想象！

　　萨克萨瓦曼圆形古堡不远处的山头上，新立巨大的女神雕像，拥抱城区，佑护平安。

↓ 萨克萨瓦曼堡巨石墙

↑ 中心广场

↑ 太阳神殿

　　汽车开出 1.5 公里进入市区，直插"狮"心脏部位的印加王宫和中心广场。在印加帝国时代，这里是城区的中心，广场中央至今还竖立着印加时期印第安人的全身雕像，四周是西班牙殖民时期的四座天主教堂，旁边是印加帝国的王宫。

　　太阳神殿是"狮"的肚脐，建在广场东北部的金字塔顶上，高高耸立。库斯科在印第安人克丘亚语中意为"肚脐"或"世界的中心"，可见"太阳神"何等重要！

　　"太阳神"是印第安人最崇尚的精神支柱。曼科·卡帕克国王崇拜心目中的太阳神迁都这里后，发展壮大了印加帝国。"印加"在印第安语中意为"太阳的子孙"。为此，在建太阳神殿选址时，特选"狮"的"肚脐"这个部位。

　　太阳神殿在克丘亚语中意为"黄金厅院"，走进五间大厅的太阳神殿，巨石高垒、金色墙壁、修长廊柱、方正庭院，留下深刻印象。讲解员介绍："太阳神殿确实覆盖着黄金，这里是举行宗教仪式的场所，又是一个天文台，但是这座印加帝国史上最富有的神庙仅仅留下了它精湛的石墙和地基，其他都被西班牙征服者洗劫一空。"

随后，我又驱车前往"狮"的尾部。这里尽是昔日印加帝国王朝人住的高墙深院，与平民窄小低矮的住房形成鲜明的对比。在这里还可以看到，全市的排水系统通过这里石砌的巷道，缓缓流出。

踏访过这个印加帝国的首都，感触到它是印加文化的摇篮。

库斯科，带来了印加帝国的繁荣和辉煌！

库斯科，将印第安文明推至巅峰！

▼ 印第安人——克丘亚的服饰

"失落之城"马丘比丘

汽车在夜幕中飞奔,驶向马丘比丘……

马丘比丘,是秘鲁乃至南美洲的符号,是最能体现印加建筑特色及文化精髓的古代遗迹,被誉为"庞贝古城"、"失落之城"、"云雾中的圣城"等,是世界著名的旅游胜地。1983年,被列为世界文化与自然双重遗产。

去秘鲁不到马丘比丘,等于没有去秘鲁。

马丘比丘在印第安语中意为"古老的山巅",隐藏在安第斯山脉东西部峰峦之中的山巅之上,位于库斯科西北112公里的悬崖峭壁之上,需乘汽车、火车、登山车才能到达。

凌晨4点钟,开始出发!在夜幕中穿过库斯科城区,沿着弯弯的山路向马丘比丘进发。

窗外,像幻灯片一样不断变化的景致,时而高山峻岭,时而坡梁深谷,时而田园风光。欣赏晨曦中的安第斯山,是一种绝美的享受。

车行两个多小时来到一处火车站,一辆蓝色车皮的火车停在山沟,正等待着人们上车。

火车厢很简陋,左右颠簸得厉害。不过两边的风光非常迷人。火车在深山谷中摇摆着前进,左边是乌鲁班巴河,水流急湍,浪涛卷花,右边不断穿越古老的村寨。抬头是耸入云天的高山峻岭,山脚是郁郁葱葱的树木花草,还有成片的仙人掌树,仿佛把你带入一处世外仙境。而滔滔的乌鲁班巴河水,在刀劈似的峡窄谷底蜿蜒而去,像一条银白色的长龙在山涧滚动。

一路穿隧道,一路火车鸣,一路风光美……

↑ 火车上观光

列车在林中飞驰！列车员告诉我说："这是乌鲁班巴峡谷。"

乌鲁班巴峡谷！我恍然大悟，这是著名的景区啊！举世闻名的印加古道就在这里。

印加古道是南美洲最知名的一条大道，它是通向马丘比丘的一条徒步行走线路，每年有成千上万的背包客到此徒步穿越，直达马丘比丘。列车员说："印加古道总长度4.3公里，是印加人铺设的一条崎岖蜿蜒的山道。这里的海拔有2000多米，冒着高海拔，沿着蜿蜒石级，过三个山口，身边雪山云峰缭绕，森林枯枝与悬崖峭壁相随，那是神秘的旅行，更是严峻的考验！"

火车汽笛一声鸣叫，到站了。这是一个小小的村落，古香古气。只见这里并有马丘比丘宾馆、马丘比丘酒店、马丘比丘工艺品商店，街区挂有马丘比丘图画，当地印第安人向客人兜售马丘比丘雕刻……

我被马丘比丘淹没！

在这里，我登上了开往马丘比丘景区的专用车，一路攀爬悬崖峭壁，一路掠过原始森林。当看到路边世界文化与自然双重遗产标牌时，这才意识马丘比丘到了。

激动，心跳，遥望注目着……

这就是秘鲁的符号？这就是南美洲的第一张名片？这就是世界著名的旅游胜地？是的，是的，确切无疑！

太震撼了：五百多年前的古代建筑群！

太惊叹了：印加帝国文明的精髓！

全部，全部的全部都展现在眼帘，它像一幅美丽动人的画卷铺展在云雾山巅！它如一座雄伟恢弘的群雕耸立在蓝天白云之下！它似一头雄狮躺在悬崖峭壁之上。

踏着石阶，踩着石子，穿行在马丘比丘遗址。面对一处处残垣断壁，讲解员边走边介绍："的确，从空中俯瞰，马丘比丘像一头雄狮，这是印加人的崇尚和信仰。马丘比丘古城始建于1450年，是南美洲发现的未遭破坏的极少数早期古城。古城两侧为600米的悬崖峭壁，下临湍急的乌鲁班巴河，占地13平方公里，海拔2450米，分为梯田和古城两部分。城内主要有太阳神庙、印加住宅、拴日石、三重门、谷仓、磨盘、神鹰庙和中央广场、粮库、监狱等，全部用巨大的石块砌成，遗址对面是海拔6271米高的萨尔坎泰雪山。"

攀爬着岩石，来到太阳神庙。太讶异了！它是建在一块巨大石头上的弧形塔台，下宽上窄，里面有祭台、神龛、阶梯。这是一座最精美、

◀ 窄街道
🔽 石头房

⬆ 展翅欲飞的神鹰庙

⬆ 太阳神庙

最壮观的建筑，也是整个古城的经典之作。我站在巨石墙上，闭双目而以心感受，领略回味印加人的聪明智慧。

神鹰庙就地取材，其鹰的两翅分别用两块巨石替代，看上去跃跃欲试，像要起飞的样子。我站在巨石翅膀下，心中暗想：能让我腾云驾雾吗？

爬至最高处，见到了日晷，又称拴日石，这也是一整块石头，而且是一块精雕细刻过的怪异石，四面分别指向东南西北。据讲解员说："为避免冬季太阳一去而不复返，印加人每年在冬至的太阳节时在此举行盛大的祭典祈祷，把太阳拴在巨石上，期待它不要远离。"

离开拴日石继续前行，南面坡下是"三窗庙"，因有三扇窗户而得名。不远处是映日台，两眼池水可把太阳折射进去，观察日月星辰。

继续前行是大广场，那是举行集会的场所，也是印加贵族和平民住宅的分界线。广场南侧是印加王宫，从王宫绕行，又回到了太阳神庙。

返程中，心潮起伏而百思不得解。当年印加人是如何在山顶建造了一座这么恢弘的建筑群呢？可惜印加人只有语言，没有文字，一直没有记录下这段历史，至今还是一个谜团，难以破解。长期以来，许多国内外科学家和考古学者前来考察、研究，始终无果。一说是印加人在安第斯山深谷

第四章 秘鲁：深印众多历史遗迹的国度 | **075**

↑ 凸石
↓ 至高点上的拴日石
→ 映日石

建造的一座祭祀中心，印加人相信日月星辰是宇宙的主宰者，大自然是印加人的精神支柱，因此祭祀神灵成了他们的主要活动；二说是印加王朝的一个避暑胜地；还有的说印加人在此祈祷太阳神……

众说纷纭，观点不一，难以统一，有待后人破解。

而对马丘比丘的发现，颇有戏剧性。几个世纪以来，马丘比丘一直沉睡在大山中，无人知晓。在殖民时期，西班牙人并没有涉足，这里几乎被世

⬆ 由一块巨石开凿的石级台阶　　⬆ 排水系统

人遗忘，成为失落的古城。1911年，美国探险家、历史学家海勒姆·宾厄姆来到这里，在当地一名小朋友的带领下，爬上杂草丛生的古城遗址。当时宾厄姆的意图是寻找失落之城比尔卡班巴，也是印加人一处最后的要塞，谁知发现了大自然与建筑群浑然一体的马丘比丘，实为神秘！于是，他著作了《印加大地：探索秘鲁高地》，由此扬名世界。

　　山巅之城！有待世人破解之谜……

　　马丘比丘！印加人创造的奇迹……

尚未破解的纳斯卡地画

一边是茫茫大沙丘，一边是滔滔太平洋。汽车碾起尘土漫天飞扬……

陪同踏访的庞金洪向导介绍，如果坐飞机俯瞰，在秘鲁南部纳斯卡一带近千平方公里干燥荒凉的沙石地表上，会看到众多的巨幅地画，有的铺展至数公里之长，成为全球特有的、独一无二的奇特现象，巨幅地画到底出自何时、何人之手？至今成了不解的难题。有人将其称为"人类第八大奇迹"！1994年，被列为世界文化遗产。

时下，我正专程去距利马400公里之外的南部小镇纳斯卡探秘。

汽车沿太平洋海岸线一直南下，望不到尽头的黄色沙地荒原，苍凉荒茫；无边无际的大海，波涛汹涌。沿途，看不到一棵树木与草苗，荒芜死寂，没有一丝生命的气息。据向导庞金洪说，这里一年四季没有雨水，不单单首都是"无雨之城"，这里更是无雨之地，因而造成干裂的沙石地表。

一路灰尘，一路沙烟。看着窗外恶劣的环境，心情也随之沉寂无趣。

经过4个多小时的长途跋涉，汽车进入纳斯卡小镇。太荒凉了！这个破旧的、几乎都是土坯房的小镇，没有一点生机，沙尘布满了整个街区，让人口干舌燥，一个枯竭了的村落。庞金洪讲："16世纪以来，纳斯卡一直是个无名村落，贫瘠、落后、穷苦。长年生活在这里的印第安人日出而作，日落而归，世世代代过着衣不遮体的生活。然而，巨幅地画的发现，让纳斯卡一下子闻名于世，惊动世界，震撼世人！"

欣赏巨幅地画，需乘坐飞机俯视才可能看清。因为巨画实在太大了。

为此，政府专门在纳斯卡镇建造了小型飞机场，供外来人员乘机参观。因想观摩的人太多了，需要提前预订机票，否则将遗憾而归。

机场真是太小了！只有一条跑道，两架超小飞机，而且一架飞机只能乘坐6个人，登机前还要称体重安排座位，两翼均衡才能航行。

飞机起飞了！俯瞰大地，或是茫茫的沙漠，或是烧焦的山体，或是干裂的石砾，一阵悲凉之感，涌上心头，郁结而忧伤。

突然，机身机翼斜插俯冲……

"看到了！看到了！"

"一幅蜂鸟的地画！"

"这是猴子的地画！"

"快看，蜘蛛的地画！"

紧接着：蜥蜴、青蛙、章鱼、山鹰、长蛇、小狗等地画一一展现在

→ 人形行走
← 爬虫
↓ 蜂鸟

无边的地表上，那样清晰！那样真实！那样奇妙！让人激动不已，心跳加速……

接下来，又看到了植物的地画、人手的地画、几何的图形，太奥妙了，让人费解，不可思议！还没有来得及思索回味，飞机返航了！

带着种种疑问，走下飞机。这时，恰遇前来考察的秘鲁科学院的专家。询问间，他向我介绍说："这些巨幅地画，或者说图案或者叫图腾，应该产生于公元前。共有70多个动植物地画、300多个几何图形，长达数百米乃至数公里。有学者曾做过测算，若动用1000个人完成这样一幅地画图案，需要一个月的时间。这些地画太大了！由于硕大无比，在地面上无法辨认，只有在天空中俯视才能看到。为什么千年不变，是因为这里不刮风，不下雨，所以保存了下来。这在世界上是罕见的。"

那么，这些地画是如何被发现的呢？原来，1939年美国科学家保罗·科索克在这里执行古灌溉考察中，当乘飞机穿越这片土地时，意外在沙石上看到了大地上这些神奇莫测、迷惑人心的地画。

纳斯卡巨幅地画的发现，不仅轰动了考古界，还唤起了世人的视觉想象，于是，游客像洪水一样，蜂拥而至，都想一睹奇幻。

然而，巨幅地画到底是怎么回事呢？世界科学界权威的专家、学者纷纷前来考察。考古学家一致认为，这些地画出自公元前3世纪的当地印第安人之手。但对地画的理解说法不一，产生了很大分歧。有的认为是古印第安人宗教活动的祭坛，有的认为是对死者在天国的祝愿，有的说是天象的表达形式，有的说是代表各部族所崇拜的动物图腾或是一种符号，更有人说这是印第安人通过这个"上帝才能看见"的地画图腾来表达他们崇敬的信仰，甚至有人说是外星人所致。众说纷纭，尚无定论。

1932年，德国女考古学家玛丽亚·雷奇住到这里专门考察。经过30年的实地测量、考究，她认为这些地画是古印第安人表示季节和时间的特殊符号，是向天神祈求风调雨顺的画符，是远古印加的图腾。玛丽亚·雷奇投入了毕生的精力进行研究，直到1998年去世。秘鲁政府以国葬之礼把这位科学家安葬在纳斯卡附近。

当今世界,谁来破解这个谜呢?
神秘啊!纳斯卡大地上的巨幅地画!
奥妙啊!秘鲁国土上的世界奇观!

第四章 秘鲁:深印众多历史遗迹的国度

踏浪鸟岛

太平洋上，碧波荡漾；皮斯科湾，浪花飞溅……

游船，正在向深海飞驶，去往著名的鸟岛。船公引吭高歌，船上欢声笑语。蓝天，白云，飞鸟；大海，波涛，浪涌，风光旖旎。好一幅壮阔无边的画卷，在太平洋铺展……

这里的海域是太平洋皮斯科湾，距皮斯科城30多公里，距利马市260公里。这一区域已划为帕拉卡斯自然保护区，是秘鲁沿海地区唯一的国家自然保护区，因处帕拉卡斯半岛而得名，总面积33万公顷，它包括了陆地沙漠、海岸峭壁和海域，其中海域面积21万公顷，是秘鲁太平洋海岸著名的旅游胜地。

在保护区内，最引人入胜之地为鸟岛，又名弹弓岛。它由南岛、北岛和中岛及6个礁岛组成，其中最大的为北岛，面积64公顷，距离海岸15公里。

据悉，鸟岛已有5000年的历史，自古以来，岛上栖息着数以万计的鸟类，它所产下的鸟粪是绿色、高效、珍稀的肥料。

昔日，中国契约华工就是在此靠掏挖鸟粪维持生活的！

游船飞进，海水荡漾，朝着鸟岛一路进发……

突然，半岛北岸的沙丘上出现了一幅巨大的图案，如蜡烛台，又像仙人掌，让人惊叹不已。据说，那幅画高130米，宽80米，多么类似纳斯卡

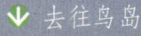
去往鸟岛

的巨幅地画啊！不同之处是画面处在沙丘上。这也应该出自印第安人之手。但具体出自何人？何年代？何用途？又是一个未解的谜团。众多考古工作者考察后，有的认为用作导航，有的怀疑是海盗符号，还有的猜测为天上陨石所砸。它的神秘、奇妙，成为帕拉卡斯自然保护区一大奇观。它和纳斯卡地画一样众说纷纭，它和纳斯卡地画一样，近距离感觉不到，只有在空中或大海远距离领略这一独特非凡的景观。

天空中的鸟儿越飞越多，海平面上的海鸥越集越密。前面，隐隐约约出现了岛屿。

船公信口吹了一声口哨。突然，天上的飞鸟密密麻麻压下来：遮天蔽日，密不透风，没有一点缝隙，让人惊叹不已……

鸟岛到了！眼前，悬崖峭壁，怪石嶙峋。骤然，眼帘像拉开的幕布，群居的鸟儿展现在目光中：山顶、山坡、山梁、山冈，皆是黑、灰、白、红，色彩不一的飞鸟，就连山洞、山缝、山壁、山崖上，都是成千上万！仰望天空：层层叠叠，起起伏伏，全是数不清的飞鸟！平视海面：滑翔的、舞动的，统统是飞鸟！

震撼！这里简直成了鸟的世界！鸟的海洋！鸟的天堂！火烈鸟、白露鸟、天鹅、海鸥、鸬鹚、鲣鸟、撇水鸟、白鹈鹕、信天翁等，各种各样，异彩缤纷，都栖居于岛上，繁衍成长，周而复始，生生不息……

↑ 地画
← 远望鸟岛
↓ 黑压压的鸟

第四章　秘鲁：深印众多历史遗迹的国度 | **083**

岛上的岩石已经失去了原来的颜色，覆于其上的全是灰白色的鸟粪，堆积成一层又一层。岛上有栈道、木质踏板和几座房屋，就是当年华人工作和居住的地方，现在成了历史遗迹。1849年，中国的契约华工为开发自然资源，天天在此挖鸟粪。因劳累过度和感染疾病，很多华人死在岛上。也有的思念家乡，且承受不了繁重的体力劳动而跳海自杀。他们在这里流尽了汗水，留下了艰辛的足迹……

　　这座鸟岛，仿佛是一座纪念碑，记载着华人这段不平凡的历史……

　　船，依旧绕行在鸟岛。这里不仅是鸟的世界，还是海洋动物的天堂。只见海滩、洞穴、礁石上，有很多很多的海豹、海豚、海龟，尤以海豹最引人注目，躺着的、坐着的、趴着的，形态各异，探头探脑，发出阵阵悠长的尖叫声，煞是可爱。

　　为什么这里的海岛能栖息这么多鸟类和海洋动物呢？庞金洪向导说道："源于这里的海域有丰厚的海洋生态资源，有大量藻类、浮游生物和鱼类，提供了飞禽和海洋动物优良的食物链，使得它们繁衍生息，成了岛上永久的'居民'，这是大自然的恩赐，让世界变得更加奇妙！"

　　返程了！鸟岛上空依然遮天蔽日，鸟岛海域依然叫声不断……

　　此刻，我仍沉浸在逝去华工的感怀中，仿佛看到了一个个中国人在鸟岛奔波的身影和艰辛的步履……

◀ 华人曾住过的房屋

◀ 海豹

第五章 玻利维亚
天上人间

"天空之镜"、"天上首都"、"天上圣湖"……这是一个世界上海拔较高的国度,令人敬畏、沉醉目眩。这里拥有诸多世界之最:世界海拔最高的首都,世界海拔最高且能航行的淡水湖,世界最高的金矿,世界年龄最大的长寿老人……还有云天之上的太阳岛、太阳门、太阳庙……这些足以让您魂牵梦绕,心驰神往!

世界海拔最高的首都拉巴斯

飞机在天空穿云破雾。

当机身将要抵达玻利维亚（Bolivia）共和国首都拉巴斯（Lapaz）上空时，透过薄薄的云彩，看到空旷的原野上呈现出大片红色砖瓦房屋，但却没有一点绿意，高海拔的地貌特征显露出来。

飞机安全落在拉巴斯国际机场，这里的海拔达到4100米。一下飞机就感到胸闷、头晕、心慌，有人开始大口呕吐，忍受不了高原反应。我非常小心，背着行装，慢慢走到候机楼。此时，已是气喘吁吁，浑身无力！

拉巴斯国际机场建在山脊上，因为海拔高，空气稀薄，阻力小，所以飞机起飞和降落滑行的时间长，因而机场跑道修建得特别长。源于阻力小，很多国家的客机在投放国际航线之前都要到这里测试，甚至美国的军事飞行员也要通过拉巴斯航道的考试才能上岗。可见，高海拔机场也有它的优势所在。不过对于乘客来说，高海拔的困扰让大多数人都承受不了。

高海拔机场不能久留，办好入境手续后，即刻乘上去市区的大巴，作别机场。

汽车在高原山脊飞驰。向导兼翻译安娜女士介绍了玻利维亚的情况。

玻利维亚国名是以民族英雄玻利瓦尔命名的。公元13世纪，玻利维亚是印加帝国的一部分，1538年沦为西班牙殖民地，史称上秘鲁。后来，在玻利瓦尔领导下，上秘鲁被解放，从而结束了西班牙对这里长达300年的统治，为此玻利瓦尔被称为"上秘鲁之父"，并以其姓氏命名这个新独立的国家。

玻利维亚这个面积100多万平方公里、人口1000多万的国家有很多世界第一：是世界上平均海拔最高的国家，达3000米；拥有世界上海拔最高的首都，达3650米；拥有世界上最丰富的自然资源，被称为"坐在金矿上的驴"；拥有世界上最大的盐湖；拥有世界上年龄最高的长寿老人，达125岁……

↑ 大路朝天

此外，玻利维亚同时还有很多迷人地方：世界独一无二的天空之镜，风光旖旎的的的喀喀湖，神秘的太阳门，蒙着面纱的印加帝国遗址，神妙的法定首都苏克雷古城……引世人竞折腰。由于海拔高，往往使得欲去的人望而生畏。为此，很多美景仍然保持了原始状态，至今没有被破坏。

拉巴斯建在伊马普山和伊马尼山之间夹峙的峡谷中，沿拉巴斯河依山势分级铺设。

汽车要下山了，看窗外，整个拉巴斯的形状很像古罗马圆形大剧场，密密麻麻红色的建筑从山顶一直延伸到山下，错落有致，层层叠叠，覆盖了整个谷地，紧凑得看不到一点缝隙，给人密不透风的感觉，加之又在高海拔，让人感到难以呼吸。

真的喘不过气来，我走出车门，站在山顶，只拍了一张俯视市区全貌的风光照就吃不消了，脚下的海拔至少4000米。拉巴斯山城平均海拔3650米，与中国西藏拉萨相差不多，故而也有人称拉巴斯是南美的"西藏"。

说到西藏，这里的窗户与中国的西藏相似，印第安人的穿戴也与西藏相近，就连脸庞的颜色也很近似，大概同属高海拔的原因吧，大自然特殊的地理环境把人们装扮得相差不多。

拉巴斯尽管海拔高，但它是长寿之地。据安向导讲，城里有一位土生

↑ 穷人住在山顶

土长的印第安老人 Carmeio 今年 125 岁,去年政府为其颁布了"蒂亚瓦纳科"奖章,是世界上最长寿的人。

汽车在下行,山顶高坡是印第安人低矮的住宅,那是穷人聚居区;山谷下是富人豪华建筑。公路与山势的夹角几乎倾斜到 45 度。原本就有高原反应,车子一晃,视角一斜,更加头晕脑涨。不过因汽车穿行的两边都是房舍楼群,略略减少了一些心理压力。

拉巴斯在西班牙语中意为"圣母的和平城",1548 年始建。城内留有很多西班牙统治时期的建筑,随处可见殖民时期的古街巷、古广场、古院落,城区人口 120 万。

圣克鲁斯元帅大道鲜花怒放,7 月 16 日大街绿意盎然,石条铺就的哈恩大街古香古色,普拉多大街商铺林立,玻利瓦尔雕像、苏克雷将军雕像、民族英雄穆里略雕像、象征和平的女神雕像、民族解放纪念塔等一一出现在目光中。城区还有很多广场,如当代艺术博物馆广场、圣弗朗西斯科广场、市中心的穆里略广场等。穆里略广场中央屹立着穆里略铜像,周围依次为大教堂、政府办公楼、国会大厦。这是一个充满哥特式建筑的城市,拥有特殊的美感,浸润着独树一帜的文化氛围,在高海拔中得

↓ 穆里略广场人山人海

到另一种享受!

穿行在街区，最吸引人的是印第安人的服饰，特别是妇女的穿戴别有风韵：头上戴着圆形高帽，足有半尺多长，可能是为了加高身材的缘故。因为印第安人比较矮小，大都不到一米五；身着长长的袍子，色彩斑斓，服式多样；最醒目的要数后背鲜艳夺目的包袱，那耀眼的色彩让人过目难忘。包袱可装很多东西，连小孩子也可放进去，非常实用。对于男人，也同样习惯戴礼帽。不过，根据颜色的不同可分辨出结婚与否。如果帽子全是红色表示已婚，若红白两色为未婚。

▼ 多姿多彩戴高帽的印第安人

幸运的是，这一天恰好遇上了拉巴斯一年一度传统的祈求节，比中国的庙会还热闹。只见大街小巷挤满了人，尤其穆里略广场熙熙攘攘，人头攒动，大家摩肩接踵几乎是后人推着前人走。几经擦挤，我硬是从人堆中挤进了广场中心。遗憾的是，连照相的机会都没有。

那么，何为祈求节呢？看看街道两旁一个挨一个的摊位所摆放的物品就知道了：小汽车、小房子、小公鸡、小酒瓶、小钱币、小家具等，还有很多小如手指的女人。这些小物品是人们想祈求到的东西。祈求什么，什么就会到来。比如说，想得到一笔钱，那么把买到的小钱币让卖主在烟火上祷告一下，就会梦想成真。再比如想找到一个妻子，那么去大街上找吧，很多摊位摆有各式各样的小姑娘模型，买一个祈祷一下，不久就会有女人寻上门来。据向导安女士说，当地印第安人是很笃信的。当然，更是一种风俗、一种文化，从中可以看到蒂亚瓦纳科文明。

在拉巴斯任何一个街区行走，抬头都会看到天空中的缆车。让人新奇的是这些缆车不仅仅是用于观光，还是一种交通工具。在一个缆车站，我登上车去，整个山谷中的城市尽收眼底。伴随着缆车的前进，火车站、女

⬇ 祈求节红红火火

↑ 跨市缆车

巫市场、总统府、国家美术馆、体育馆等一一从眼前掠过，富人区与穷人区的差距也让你一览无余。

缆车贯穿整个市区，基中设若干个站点，运行一趟需12分钟，比公交车快得多。

在拉巴斯，还有难得一见的自然奇观——月亮谷。我驱车20公里到达郊外的月亮谷场地，只见浅黄色荒芜的山脊一毛不拔，被风雨侵蚀的山体累累伤痕，形态各异，奇异诡谲，恍若置身于另一个世界。那深深的沟壑，刀劈的峰尖，窄小的峡谷，怪石妙岩，鬼斧神工，给人一种神秘莫测之感，形成地球独特一景。据悉，这里起源于冰川的沙石地形，年代久远。1969年，著名太空飞行员尼尔·阿姆斯特朗来拉巴斯路过此地，看到这里非常像在月球时看到的景况，为此留下"月亮谷"的名字。

↓ 悲凉的月亮谷

"靠近天体"的太阳门

在拉巴斯南部60公里处,蒂亚瓦纳科文化遗址是玻利维亚一大亮点,又是玻利维亚的象征。2000年,被列为世界文化遗产。

乘车从拉巴斯出发,40多分钟车程后,来到坐落在一片高原上的蒂亚瓦纳科遗址建筑群,太阳门最为显赫,名气最大。因坐落于海拔4000多米的高原之上,为此称之为"靠近天体"的太阳门。气势太宏大了!世界遗产的标识就立在遗址旁边。

蒂亚瓦纳科在印第安语中意为"创世中心",即世界的中心,宇宙的起源。这里是印加帝国一支印第安部落的首都。遗址中的残垣断壁、巨型雕像、高大石碑、长长石墙,展现了公元3至8世纪古印第安人在建筑、雕刻、绘画、天文等方面的聪明智慧。

我首先来到太阳门,这是南美洲古代最著名、最卓越的古迹,是蒂亚瓦纳科文化最杰出的代表。站在太阳门前细细观看,它由一整块巨石雕凿而

▼ 太阳门

成，高3米，宽4米，厚0.5米，重100多吨。中间的门洞比人稍高，上面的浮雕是太阳神像，两旁为鸟人勇士。每到夏至，太阳不偏不倚准确无误地沿门洞中轴线冉冉升起，可见古时候印第安人的天文学是那样精确。印第安人自古崇拜太阳，他们认为太阳神就在这里。

太阳门旁边是著名的卡拉萨亚神庙，是印第安人祭祀太阳神的祭坛。神庙周围用巨石垒起高高的围墙，长118米，宽112米，庙内有很多石像，高达2.4米，重4吨。神庙还有一个通道去往地下神庙，是印第安人的礼仪中心和宗教场所。地下神庙的四周墙壁上全是形态各异的人头雕像，成千上万，规模庞大，气势宏伟。

遗址的第三部分是阿卡帕纳金字塔，处在神庙一侧。远远望去像是一个阶梯式的山丘，呈方形，有台座、台阶，下大上小，为锥体形，似埃及

◀ 卡拉萨亚神庙石墙
▶ 庄严的卡拉萨亚神庙大门
▼ 地下神庙内墙壁上的人头雕像

⬆ 金字塔

金字塔。塔的顶部建有水池，用以观测日月星辰的运行，还有一座神庙，围墙镶嵌着精美人形神像石雕。登上金字塔，更加感叹印第安人的杰作。

在蒂亚瓦纳科遗址众多巨大的石像中，其中最著名的是雨神"维提科恰"石塑像。

蒂亚瓦纳科遗址，玻利维亚的文明象征！

玻利维亚，印加文化的发源地！

太阳门！印加人的精神支柱！

⬆ 巨石人雕

"高原明珠"的的喀喀湖

清晨,一束阳光斜照在安第斯山上,光芒万丈。披着初升的太阳向着印第安人的圣湖、世界最高且能航行的淡水湖——的的喀喀湖行进,此湖为全球100佳旅游胜地之一。

窗外,绿油油的草地向着天际延伸,散落的村庄农舍在原野上时隐时现。公路边,穿着艳丽的印第安人不断走过。

车行80公里后,左边窗外出现一片蓝色的水域,这就是著名的的的喀喀湖。望着平静的湖面,安女士娓娓道来。

很久以前,当地有一个英勇的小伙子名叫的的,他和一个叫喀喀的俊俏小姑娘相爱了。于是,的的和喀喀私奔,结发做了夫妻,过起幸福美满的生活。喀喀的父亲发现后勃然大怒,把的的推进湖中身亡。喀喀十分悲伤,也跳河殉情。印第安人十分同情这对恋人的遭遇,于是将两人的名字连在一起作为湖名。

的的喀喀湖处在玻利维亚和秘鲁两国交界的科亚奥高原上,被誉为"高原明珠"、"天上圣湖"。湖面沿西北、东南方向延伸,长190公里,最宽处80公里,总面积8300平方公里,湖中共有41座岛,最著名的为太阳岛。因为海拔达到3820米,清冽稀薄的空气和湛蓝的湖面更加接近太阳,因而印第安人将的的喀喀湖视为圣湖。他们认为世代崇拜的创造太阳和天空星辰的神祇来自湖底。印第安人最追崇的岛屿是太阳岛,那里有太阳神庙,是的的喀喀湖的最负盛名的岛屿,也是我今天的目的地。

汽车绕过一座山,一路下行到接近湖面的地带,司机几乎是沿着湖岸行进的，湖面总是在目光中时隐时现。这时，湖面突然变窄，汽车停在蒂基纳渡口。我们需要换乘轮船，到湖的对岸才能去往太阳岛。

小船在蒂基纳湖峡航行，船员说，这个峡道仅800米，是整个的的喀喀湖湖面最窄的地方，去太阳岛的人大都经过这里。我站在船头瞭望，峡道将的的喀喀湖一分为二，玻利维亚称东南方向较小的湖为"维尼亚伊马卡湖"，西北方向较大的湖为"丘奎托湖"。而对秘鲁来说，名字就不同了，分别叫"佩克尼亚湖"和"格兰德湖"。

⬆ 行船中听取太阳岛的故事

十分钟的航行，走完了不到一公里宽的蒂基纳湖峡。

湖水相伴，高山相随，又经一个多小时的车程，来到科帕卡巴纳城。这座城处在的的喀喀湖半岛上的岸边，城区依山而建，房舍错落有致。这是一个不到两万人的小城，距拉巴斯160公里，非常秀丽。这里是去太阳岛的出发地和中转站。

在城区，我去了有着摩尔风格绚丽穹顶的白色教堂，著名的黑色圣母坎德拉里亚雕像矗立在楼上。几个世纪以来，这里都是宗教的圣地，很多朝圣者蜂拥而至，参加宗教活动，尤其是在耶稣受难日，朝圣者在此参加黄昏举行的庄严的蜡烛行走仪式。

从教堂下行，一直走到科帕卡纳渡口，一个明显标志——巨型锚雕，矗立在海滩边。顺此登上渡船，便向着太阳岛起航。

⬇ 科帕卡巴纳渡口

水天一色，又是别有洞天。的的喀喀湖太蓝了，蓝得让人心醉。水手一边摇着船桨，一边高声吟唱，引来很多飞鸟追随船尾戏水。

我还看到湖面上不时漂来"托托拉"草船，是印第安人用芦苇和香蒲编织而成，两头尖尖翘起，极具民族风格，成了湖面上一道独特的风景。香蒲草是多年生草本植物，高2米，叶子细长，可以编织席子、蒲包，还可以盖起小房屋，因为浮力很大，能编成小筏，载4至5人。

小船慢慢远离科帕卡巴纳渡口驶入湖中心，顺着水面，前面出现了蛇岛、月亮岛。仔细观看，依稀可见岛上印第安人的遗迹。据悉，月亮岛上有公元前的古遗址，有精美壮观的"金墙"、宫殿、庙宗、金字塔。在科阿岛和帕利亚拉岛之间的湖底，还发现了一座水下古城遗址，包括隧道、洞穴及带着雕刻的墙壁。这些湖底建筑究竟始于何年，至今还是谜。的的喀喀湖是印第安人印加时代朝圣之地，很多岛屿上都留下了昔日的庙宇、宫殿等遗址。

经过一个多小时的航行，终于来到太阳岛，这是众多旅行者的目的地。太阳岛是印加三大圣地之一。登岛后爬上半山腰，做客一户印第安人家中，饱餐了一顿土著人的饭菜。烤玉米、煮豆子、蒸土豆，香甜可口。饭间，一位印第安人告诉我，从这里，可以瞭望月亮岛，可以欣赏的的喀喀湖的另一种风光。

踏行在太阳岛，在安女士带领下，我忍受着高原反应的不适，首先来到印加第一个石头台阶。这里树木参天，森林遍布，一道石头阶梯台阶掩映在密林中，直通向半山腰。当我登上第一个台阶时，这才发现旁边山崖上矗立着印第安人巨型雕像，安女士说："这

↑ 太阳岛三泉水遗址

↑ 太阳神庙屹立在山巅

是古代印第安人的首领，是印加第一代国王曼科·卡帕克，他被称作太阳神的儿子，这里是他的故乡。人们为纪念他，竖立了这座雕像，寓意印第安人的发祥地。"

　　一边登台阶，一边喘息着，这里的海拔至少4000米。我坚持着爬了半个多小时，总算到达台阶的尽头。这里就是印加第一代国王曼科·卡帕克曾经居住过的村落，不过现已看不到完整的房屋，只有一堆堆散乱的砖瓦残石以及残断的地基遗址，表明着村落曾经存在。在一棵大树旁的山崖下，有处三泉水遗址还尚存留，清水仍在不停地流出，成为唯一有生机的地方，它应该见证了村寨的兴盛和衰亡。

　　又是一路艰难的前行，终于走到太阳神庙遗址。但使人扫兴的是，太阳神庙除两间房屋外，早已被夷为平地，石块、砖瓦散落在半山腰。从残垣断壁可以看出太阳神庙的规模，应该是很宏伟的，它要比古村寨遗址大得多。在摇摇欲坠的屋子里，安女士告诉我："太阳神庙是印第安人拜神的地方，是圣地，是整个太阳岛的精华、灵魂。尽管这里一片废墟，但它表明了印第安人的早期文明，如果说的的喀喀湖是印加文化的发祥地，那么太阳神庙就是的的喀喀湖的精髓。"按照印第安人的说法，太阳神庙是印加王朝缔造者"曼科·卡帕克"和"玛玛奥柳"被太阳神派到人间来的。随后安女士又讲述了一个关于太阳神庙的传说。很早很早以前，的的喀

↓ 太阳神庙特写

喀湖叫丘基亚博，印第安人语意为"聚宝盆"。印第安人认为，太阳神在当时的丘基亚博湖上的太阳岛上创造了一男一女，印第安人是这一男一女繁衍的后代，成为印加民族。谁知，有一天太阳神的儿子被山上的豹子吃掉，使得印第安人很不安，便杀死了这只豹子。后来印第安人在山上建了太阳神庙，将一块石头象征豹子放在神庙，代替祭祀的牺牲品。人们称这块石头叫"石豹"。"石豹"在印第安克丘亚语中意为"的的喀喀"，其湖名便由"丘基亚博"改为"的的喀喀"。

听向导安女士这么一讲，我在太阳神庙遗址，找到了这块"石豹"。透过这块极为普通的石头，好似看到了古代印第安人成群结队追杀豹子的身影……

返程中，夜幕降临，霞光万道。一轮红日正在徐徐落下，染红了的的喀喀湖……

太阳岛、太阳神庙；石豹、石块；在脑海中随着波浪翻卷……

太神秘了！的的喀喀湖！

太奇妙了！印加文化的精髓！

▼ 岛上印第安人家家户户备有草船

山巅上的法定首都苏克雷

玻利维亚共有两个首都,除拉巴斯外,还有一个玻利维亚法定首都苏克雷(Sucre),而且城市名来源于第一任总统苏克雷的名字。1991 年,被列为世界文化遗产。

两个首都是历史造成的。苏克雷城原为印第安人的村落,名为丘基萨尔,1538 年建城。1559 年,西班牙殖民者在丘基萨尔城设立了美洲殖民地最高司法机关大审问院。1624 年,耶稣会在丘基萨尔城创立了美洲最早的大学圣弗朗西斯科·哈比埃尔大学。1809 年 5 月 25 日在丘基萨尔爆发南美洲反对西班牙统治的第一次起义,并在 1825 年 8 月 6 日宣布玻利维亚独立。苏克雷作为南美解放者玻利瓦尔的助手,为玻利维亚独立起到了决定性作用。由于功勋卓著,苏克雷被选为玻利维亚第一任总统。丘基萨尔城也成为玻

⬇ 殖民时期建筑　　　　　　　　　　⬇ 苏克雷大教堂

利维亚的首都,并改为第一任总统苏克雷的名字。通过决议,苏克雷城定为法定首都,但议会、政府设在拉巴斯。

苏克雷整个市区横贯于一个宽度为3公里的山巅沟谷中,被两座山峰相夹,一座为斯开斯山,一座是群克拉山,海拔2800米,人口20万。汽车进入苏克雷市区,这是一座非常美丽的城市,比拉巴斯干净整洁。190多年前玻利维亚在这里宣布独立,直到现在苏克雷仍是宪法认定的首都,上百年来都没有改变。苏克雷被称作"白色之城"。望着一座座白色建筑,望着一处处花园式的庭院,望着整齐的殖民时期铺设的石板街道,整座古城原貌从没被破坏,全部保留了下来。

穿过一道道街区,来到市中心的自由之家独立宫前。这里地处"5月25日广场",种满了高大的树木,独立纪念碑就竖立在广场中央,一侧立有联合国文化遗产标识牌。

白色的自由之家独立宫,建于1701年,是一座拥有中庭和美丽回廊的建筑,曾经是总统府。进入独立宫大厅,给人以神圣、庄严的感觉。1825年8月6日,玻利维亚独立宣言就是在这里签署的!大厅布置得简

自由之家独立宫外景

苏克雷城自由之家独立宫厅院
宫内为昔日签署独立宣言的地方,墙上有苏克雷画像。

洁大方，正面墙体上是苏克雷的巨幅画像，下面摆放着当年签署的独立宣言原件。苏克雷，玻利维亚第一任总统，永远被他的国民铭记和缅怀。

苏克雷1795年出生在委内瑞拉一个贵族家庭，幼年丧母，由他的叔父抚养长大。在加拉加斯读书时，苏克雷受到革命思潮的熏陶，15岁投身民族解放战争。1811年，他为保卫共和国而积极斗争。1812年，他流亡到特立尼达岛开展游击战争，有一次他在大海中漂浮了一天一夜，被渔民救起，才幸免于难。1818年，他转战到玻利瓦尔的部队

↑ 中心广场苏克雷雕像

中，由于智谋高作战英勇而成为玻利瓦尔的得力助手。紧接着，苏克雷先后被任命为解放厄瓜多尔、远征秘鲁和哥伦比亚地区的总指挥。由于苏克雷英勇善战，多次击败西班牙殖民军，为民族解放事业做出了突出贡献，成为厄瓜多尔的解放者，阿亚库乔大元帅，美洲独立战争的军事统帅。1825年，苏克雷被选举为玻利维亚第一任总统；委内瑞拉将他的家乡命名为苏克雷州；厄瓜多尔用苏克雷作为货币单位；哥伦比亚设苏克雷省。苏克雷，作为南美洲民族解放者的先驱已深入人心。

在独立宫，有苏克雷带领士兵英勇杀敌的油画；有苏克雷风采依依的铜质雕像，有苏克雷使用过的军刀等。

苏克雷这位民族英雄，在整个城区都留下了他的印记。以苏克雷冠名的街道、广场、博物馆、教堂等等数不胜数。在独立宫旁边有苏克雷博物馆、苏克雷大教堂、苏克雷大道。

苏克雷大教堂是"白色之城"的标志性建筑。大教堂入口为巴洛克样式，

↑ 玻利维亚国家最高法院

侧廊有瓜达尔佩圣母小礼拜堂。教堂中安置有南美最精致最珍贵的圣母像，饰有钻石和珍珠。五层高的钟楼拔地而起，钟楼四角有4位福音使者和12名使徒的站立雕像。在广场中部，矗立着高入云天的苏克雷雕像。

　　苏克雷作为法定首都，还有一个很明显的标识是最高法院。从5月25日广场穿越几条古老的街道，过一座最古老的医院、阿根廷纪念柱、歌剧院，就到达了国家最高法院所在地。这里也有一个绿树成荫的大广场，白色的高院建筑屹立在广场正面，三根擎天柱一字排开，竖立在高院门前，既雄伟庄严，又独具特色，比独立宫宏大得多，全国的法规都在这里研究出台。法院广场中有很多风格不同的雕塑，其中有一座西班牙女王的人头石雕。不过，这里的人们在上面乱写乱画，石雕已是面目全非。广场两侧分别建有苏克雷的雕像和苏克雷火车站。

　　顺苏克雷大街一直走到山顶，是一个教会传教区，设在一座老教堂旁边。广场上有一个古老的喷水池，立有天文测量仪，还有一排廊柱观景台，可俯瞰整个苏克雷城区。走进传教区，这里保留了殖民时期西班牙传教士的教室、窗舍、花园。让人感兴趣的是，在后花园有一棵粗大的千年古树，十个人拉起手来还抱不住,那是苏克雷树龄最长的古树。

　　入夜,苏克雷沐浴在月光中,万家灯火,装点着这座历史名城。晚上,在当地向导带领下,我观看了一场弗日哥罗卡(Danza Firilricns)民族歌舞。那浓郁的乡土气息,那朴实的民族风情,既欢欣鼓舞,又令人思索……

▽ 西班牙女王像

"天空之镜"乌尤尼

凌晨4点钟,从苏克雷市乘车南行5个多小时,来到世界上最大盐湖旁边的小镇乌尤尼,从这里去"天空之镜"是最佳线路。

乌尤尼,因盐湖而闻名,地处玻利维亚波托西省境内,距波托西170公里的阿塔卡玛高原之上,是一个有120多年历史的小镇,目前有800人口,为盐矿基地。乌尤尼在西班牙语中意为"盐湖"。而"天空之镜"是比喻盐湖像一面巨大的镜子将天空映照。

↑ 乌尤尼城标

来到乌尤尼镇,好像闻到了盐的气味。看吧!盐矿工人、盐矿开采工具、盐运火车等雕像布满街头,更让人新奇的是用盐建造宾馆,用盐盖起高楼,用盐垒成院墙……盐、盐、盐,乌尤尼成了盐的世界。我下榻的白沙旅社就是用盐砖建成的。连床铺、桌子、凳子都是盐制成的,好新鲜呦!诸多用盐块建成的酒店宾馆,已跻身世界最奇特的酒店之列。

在白沙旅社,我询问了当地向导卡得儿,听他介绍盐湖。这个庞大的盐湖用乌尤尼的名字对本地人来说倍感荣幸和骄傲。因为这里的"天空之镜"在世界上名气很大!

乌尤尼盐湖又称盐沼、盐矿、盐地,长120公里,宽100公里,面积为12000平方公里,它是地球上最空旷、最平整的一块盐地,是世界上面积最大的盐沼。6500万年前,这里是一片汪洋大海,随着地壳运动,海水退去,留下一个巨大的湖泊,湖泊干涸后形成了月牙形的盐沼地,为世界上最大的盐层覆盖的荒原,这就是现在的乌尤尼盐湖。其实,早在1969年尼尔·阿姆斯特朗在宇宙船上看到地球上的一个白点,这个白点就是乌尤尼盐湖。盐湖覆盖着达10米多厚的盐岩,储量650亿吨,够全世界人吃几千年。这里稀有金属锂的储量世界第一,如果把锂矿开采出来可将玻利维亚脱贫致富,而且胜于中东的沙特阿拉伯。然而,他们已经拒绝了美国等国家的开采要求,只为保护生态,保护世界上独一无二的"天空之镜"。

提到盐矿,不能不回顾历史,追忆西班牙殖民时期对盐矿的掠夺和无序开采。在向导带领下,我来到乌尤尼郊外的一处"火车博物馆"参观,当地人称此地为"火车坟墓"。只见旷野里躺满了过去的运盐火车,车头、车厢、车轨已是锈迹斑斑。

"这就是西班牙统治时期运输盐矿的火车。当时,大批的盐矿被殖民者

◆ 火车博物馆

掠夺。现在，将这些火车废弃了，埋进坟墓，永远让它死在这里，葬在这里。所以我们叫"火车坟墓"。这也是对殖民者的一种报复吧！"向导卡得儿有些激动地说。

穿过"火车坟墓"，车行20多分钟，来到举世闻名的乌尤尼盐湖岸边，茫茫的盐湖呈现在眼前：浩瀚、空旷、无际；壮阔、博大、无边。这就是世界最大的盐沼，世界最大的盐矿。湖中没有水，只是一片白茫茫的结晶盐体，湖边竖立一块石碑，上面标示了有关盐湖的情况。这里树、草、房等什么都没有，只有盐地。我穿上一双防水长筒胶鞋，换乘一辆越野车，向湖中心进发。

越野车在盐湖中飞驰，轮胎下碾压的是厚厚的盐层。清晰可见盐地为六方形状的盐石结晶体，像是巨大的网格铺展在脚下。

伴随着飞驰的车轮，汽车离岸边越来越远，距湖中心越来越近，视线越来越宽广，风光越来越独特。望着汽车前窗，天地浑然一体，宇宙悬空而至，我被这奇特的景致深深吸引，情不自禁而激动万分，啊！蓝天白云，天与地连成一片，天上的云朵像羊群，地上的盐岩像白雪，湖天一色，蔚蓝空灵，天地合一，真是世外桃源。那种纯净而纤尘不染的美，涤净心灵深处，让人陶醉！

突然，前方出现大片浅浅水域，巨大的无边的明镜突然闯进视野，啊！"天空之镜"终于出现了！汽车一头闯了进去！又戛然而止。当我们下车站在浅水中，环视四周，太震撼了！震撼到让人窒息！我们最终见到了"天空之镜"！置身于天际的镜子上，恍惚中人似在天空走，身疑在云中游，这就是举世瞩目的"天空之镜"！天，显得那样无边无际！人，显得那样渺小！啊，一个纯净的世界！顷刻间，让我窒息，让我心动，让我迷恋……

一个人，在有生之年能够遇到"天空之镜"，那是非常幸运的！一望无际的湖面，那么平，平得像是一个巨大无比的镜子，将蓝天白云一并装在镜子里。抬头仰望是蓝天白云，低头俯视是蓝天白云，蓝天白云都折射到如梦似幻的镜面里了，而且人的倒影，汽车的倒影，也是如此的清晰！这就是"天空之镜"的奇幻景象，真是太奇特、太美妙、太神秘了……

⬆ 汽车作陪，展示才艺。
⬇ 盐沼"推车"

　　"天空之镜"，缘于地面上大面积的白茫茫结晶盐体，加上地势平坦而容易积雨水且不会随意流动，使大地就像天空的倒影一样倩美无比，所以才有独特的、奇妙的、神奇的、享誉世界的"天空之镜"！

　　面对壮美的"天空之镜"，为了展示人在"天空之镜"的魅力，大家一字排开，或站立，或弯腰；或伸手，或踢腿；或打拳，或金鸡独立……各式各样，多姿多彩的动作一一出现在巨大的镜面上，煞是好看。还有的人，站在巨大的镜石上，或张大嘴"吃人"，或用手掌托起一个"小人"，或用脚踢走"汽车"……还有的人站到汽车顶部，展示各种动作，把身姿和汽车一并镶嵌在镜框中……

"天空之镜",绝美异常!

"天空之镜"是地球上独一无二的!引世界上很多人前来欣赏,但也有很多人等了十天半月也看不到,扫兴而归。出现"天空之镜"有很多因素:

⬆ 盐屋

⬆ 盐沼平台上的中国国旗十分鲜艳

一是只有在一月份才会出现，因为 12 个月中只有一月才下雨，雨水汇集在湖面结晶盐体上，水层约 5 厘米深；二是必须无风，风吹水动会起波纹；三是只有等到晴天白云，才能反射出最纯净的天空。

当我问起为什么世界上只有这里才有"天空之镜"时，卡得儿向导回答说："这里海拔 3800 米，天和地更接近，再就是水浅，人能站在水面上。"据悉，"天空之镜"最美时刻是晚霞出来，脚踩五彩缤纷的霞光，四射的光线，那样更加神妙。再就是月夜，当漫天繁星布于穹顶，踏着满天的月光，踩着无尽的星辰，信步在湖中，就像走在银河里，那会是一种什么样的感觉？兴奋中，但见湖中一个平台插有很多国旗，当看到中国国旗，顿时离乡背井见到祖国的心情难以言表！

在"天空之镜"足足停留了两个多小时之后，返回越野车，向一个湖心岛行进。车行半小时离开"天空之镜"，进入坦露的结晶盐体湖区，这里又是另一番盐岩风光。同样是蓝天、白云，但没了湖水，是一望无际的白花花白盐石，好似盐湖脱去了水装，显露出白莹莹的体魄，一尘不染，洁白无瑕。盐岩又像白茫茫雪地延伸到无边的远方，湛蓝的天与一望无际的白盐粒在天边交汇，好不壮观！尽管比不上"天空之镜"，但也非常神妙！如此规范的六方形晶体，如此空旷的白色大地，这也是地球上最大的最平整的白色盐石地域。因为面积大，表面光滑，反射率高，加上最小的海拔差，

⬆ 盐沼掏金

这里成为世界上最理想的地球遥感卫星测试和校对基地。美国航天局就是依靠这个号称世界上最平坦之地来测量地球与卫星的距离及高度。

　　汽车停下来，我们又一次滚打、摸爬、跪走，亲吻大地，感受这白色的世界。兴奋之余，心中又生疑问：为什么如此大面积的盐石都是一模一样的六方形结晶体呢？同行的一位化学专家解释：凡是物质生成的结晶体都是一致的，不管面积是大是小，这是自然现象，自然规则。

　　仍是蓝天白云，仍是白地白盐。没有道路，没有标识，汽车在漫无边际的旷野风驰电掣般狂奔。又经过半个多小时车程，到达湖心岛——鱼岛。鱼岛是因为岛的形状很像一条鱼身，为此当地人称"鱼岛"。走在鱼岛上，满山坡尽是仙人掌树，成为仙人掌的森林，密密麻麻，错落有致，最高的仙人掌树有 10 米之高，最粗的要一人合抱。茫茫的湖心岛上生长这么多仙人掌树，实属奇特。面对茫茫白色盐湖，背靠郁郁葱葱的仙人掌，人们纷纷留影纪念，因为这是乌尤尼最有特色的一座盐湖仙人掌岛。

　　乌尤尼盐湖不仅有美到极致的自然风光，有独特的仙人掌树林，还有很多稀有的鸟类，如蜂雀、火烈鸟等。

　　夜幕降临，返回乌尤尼镇已是深夜。然而，这个小镇却灯火通明。商铺、酒店、咖啡馆、歌舞厅人满为患，皆是外来游客，都在体味这座小镇的特色，畅谈"天空之镜"归来的感受！

夜半已过，而乌尤尼小镇，仍沐浴在一片快乐的欢呼中……

⬇ 鱼岛仙人掌林

第六章 巴拉圭
大国夹缝中生存的小国

巴拉圭是一个被巴西、阿根廷和玻利维亚包围起来的小国，是一个没有领海的内陆国家。封闭，阻碍了经济的发展。但这里有南美洲最悠久的都城亚松森，被称为南美的"城市之母"，完整地保存了殖民时期的历史建筑。再一个亮点是特立尼达耶稣会传教区遗址，是17世纪的产物，一些建筑也被保存下来，其规模之宏大在世界上是少见的。还有伊泰普大水坝，是世界上最大的水电站之一。

"森林与水之都"亚松森

巴拉圭（Paraguay），国名来源于巴拉圭河，在当地瓜拉尼语中是"戴鸟冠的人们的国家"之意。

巴拉圭共和国其首都亚松森（Asuncion）位于巴拉圭河东岸，同时还位于巴拉圭河与皮科马约河的汇合处，成为独特的内河港口城市。因河水纵横，森林遍地，因此首都被称为"森林与水之都"。若在飞机上或高处俯瞰：亚松森坐落在水和森林之中，仿佛一幅优美的风景画，镶嵌在大地，一派生机。

⬆ 飞机上眺望森林与水之都

初到亚松森市区，看到很多橘树遍布各个角落。原来亚松森又被誉为"橘城"，每当开花时节，一棵棵橘树绽放出美丽的花朵，给这个古老的城市披上鲜艳的彩衣，又是一幅美丽动人的画卷。

亚松森有近500年的历史，是南美洲最悠久的城市，原意为"升天的圣母"，被称为南美洲的"城市之母"。1537年，西班牙人第一次来到这里时，正值天主教的圣母玛丽亚升天节。在西班牙语中，升天的发音是"亚松森"，故而西班

⬆ 英雄广场上的忠烈祠　　⬆ 忠烈祠大堂富丽堂皇

牙人将这个小镇命名亚松森，后发展到今天拥有50多万人口的全国第一大城市。

亚松森城区划分呈棋盘状，宽阔的国民独立大街贯穿市区。我沿街来到市中心的英雄广场，恰碰护卫队卫兵正要升国旗。广场的一侧是忠烈祠，又称万神殿。它仿照巴黎的先贤祠建造，是一座白色的穹形建筑。忠烈祠门口有两名卫兵把守，我向卫兵致礼后，慢步走进庄严肃穆的大厅。这里是祭奠巴拉圭首任总统卡洛斯·安东尼奥·洛佩斯和他儿子弗朗西斯科·洛佩斯及其他战争英雄的地方。在"英烈千秋"碑文中，有一排拉丁文字，其中还夹杂着正楷的中文书法。

总统府处在巴拉圭河岸边，是一座很有特色的宫殿，始建于19世纪后期，是仿照巴黎的卢浮宫建造的。府前庭院种满了绿油油的低矮的常青树，修剪一新。中心广场立有一面国旗，迎风扬起。

独立之家博物馆是追忆史迹、了解巴拉圭历史进程之地。这是一座非常不起眼的建筑，1772年兴建，极富殖民地风格。这里是独立战争的发祥地，曾经是总统弗朗西斯科·洛佩斯的官邸。走进博物馆，展厅里摆有很多战争物品。解说员讲述了大量巴拉圭独立战争的场景和故事。我很想了解巴拉圭与三国战争的详情，解说员特意介绍说："那是1865年因扩张领地与

⬆ 解放纪念碑　　⬆ 总统府

巴西、阿根廷、乌拉圭三国发生战争，那场战争很惨烈，由巴拉圭军事天才弗朗西斯科·洛佩斯带领的人民军与三国联军进行了殊死搏斗，这是南美洲有史以来最大规模的战争。战争历时五年，由于势单力薄，巴拉圭最终败于三国。战败后巴拉圭疆域缩小近一半，并失去海口成为内陆国家。"

　　解说员随后又接着讲了第二场战争："1932年，巴拉圭同玻利维亚爆发战争，历时三年，巴拉圭获胜，占领了争议地区四分之三的土地。"踏访中，我看见了一座母子报国雕像，令人动容。雕像中，母亲牵着儿子抱着枪，眉宇间流露出坚毅的神情。这是描述巴拉圭与玻利维亚的那场战争，那场战争士兵死伤惨重，这是母亲送儿子上战场的情景。

　　在亚松森，我走进一所中文学校，这是专门为中国侨民子弟开办的。学校场地不是很大，但都是中国特色。我看到学生们有的吹笛，有的打拳，有的练气功，仿佛置身于祖国的校区，特别是看到墙上的中文大字，倍感亲切。侨民离乡背井，不远万里来到地球的另一边，在他乡谋生，实属不易。校长介绍，学生家长经常到学校里来感受中国元素，减缓思乡愁绪。可以说，这所中文学校成了中国人的精神寄托。

说到华人，校长介绍，巴拉圭是个面积只有 40 多万平方公里、人口 640 万的小国，印欧混血人占据 95%，而华人占 7000 多人。这些华人大都来自祖国大陆，因为巴拉圭和中国没有外交关系，他们的家属来巴拉圭办入境手续只能到第三国去。

来一趟巴拉圭确实不易，为了不留遗憾，在亚松森市我又去了旧火车站、历史博物馆、独立屋、艺术中心、文化屋、画廊、议会大厦、国家美术馆、宪法纪念广场即阿马斯广场、乌鲁瓜亚广场等地，走遍了这里大大小小的街巷。每到一地，所接触的巴拉圭人民，都那么忠厚而友善，给我留下深刻印象……

亚松森，一座古老而秀美的城市！

巴拉圭，一个纯朴而勇敢的民族！

➡ 亚松森街景
⬇ 亚松森旧火车站是南美洲最早的火车站，由英国帮助建造。

特立尼达耶稣会传教区

星夜，大地沉沉……

凌晨3点，从巴拉圭首都亚松森启程，披着浓浓夜幕，头顶点点星光，出发了，要去300公里之外寻访，那里有巴拉圭唯一一处被联合国列为世界文化遗产的特立尼达耶稣会传教区。

路途遥远，必须星夜兼程，晚上还必须赶回亚松森，只因次日凌晨2点还要赶赴下一个行程。

东方红霞初现，太阳渐露，天空像拉开了幕布，呈现在眼帘的是一派美丽动人的风光，定格在蓝天白云和碧绿旷野之中。

经过一个多小时的车程，穿过一条河流，路的左边出现了一座古老的教堂。在向导带领下，走过一片野地，来到教堂前参观。这是16世纪修建的一座古教堂，因年久失修，塔顶摇摇欲坠，现在正组织抢修。

为了抢时间，需抓紧赶路。经过大片大片的热带草原，穿越密密麻麻的原始森林，趟过一条条河流，翻越一座座山丘。那牛羊、马群、农舍一一闪过，那湖泊、池塘、村寨擦身而去……

↓ 特立尼达耶稣会传教区被毁教堂

经过星、夜、晨、日，碾过霜、露、风、雨，7个多小时的长途跋涉，终于到达目的地——特立尼达耶稣会传教区！

门前，世界文化遗产的标识非常醒目。走进教堂遗址瞬间，我惊呆得无以言表：先人如何建造了这样宏大、壮观的宗教群啊！站在大片废弃的遗址上，一阵悲凉之感！太震撼了！

特立尼达耶稣会传教区创建于17世纪初，曾是当地印第安人的避难场所，后来成为著名的世界宗教传教中心，其规模在世界上是独一无二的。尽管这些遗址成为废墟，但还是显露出它曾经的辉煌。

解说员边走边指着保留下来的建筑介绍。教堂广场足有10个足球场大，两旁大片低矮房屋分别是酋长和印第安人的住宅；而高大的教堂仍显露着那精细的雕刻，体现了当地印第安文化与基督教的完美融合。教区中，除大教堂外，还有一个小教堂和一座修道院，最高大的是钟楼。

在废墟上，我请教解说员谈谈初次传教时的情况，她作了一一介绍。那是17世纪初，西班牙耶稣会传教士进入巴拉圭占用20万平方公里土地，建立了数十个传教区，最初把土著人集中起来，说："你们以后不要像野人一样生活在森林里，我们给你们建房住，给你们衣服穿，给你们大餐吃，还

▼ 残垣断壁、面貌全非

给你们安排工作。"之后，教区建起了很多房子，有部落酋长居住的，有普通印第安人居住的。最后又建造了大教堂，把印第安人集中在教堂中传教，以改变印第安人的信仰。从此，这里成了规模宏大的传教区。但是，集中起来的印第安人并不习惯这种生活方式，尤其改变了部落中的一夫多妻制。为此，不少印第安人又跑回到森林，过起一夫多妻的无拘无束的原始生活。酋长跑得最多，因为他们可以有十多个妻子。尽管如此教区还是留下了一部分人，也一度兴盛了很长时间。后来，因为战乱，毁于一旦，变成废墟……

之后，我又去了赫苏斯传教区寻访。这一带共有8处传教区，只有特立尼达和赫苏斯传教区整理出来对外开放，其他6处仍是废墟。

据悉，耶稣会1534年在巴黎创办。创建6年后，受罗马教皇保罗三世委托，耶稣会在世界各地传教。仅在南美，传教士们就建立了30多个印第安教区。

特立尼达传教区处在巴拉圭东南部的恩卡纳西翁市郊外。这天，恰逢恩卡纳西翁建市400周年，大街小巷都贴上了庆贺标语。恩卡纳西翁被比作是"巴拉圭的南方明珠"。因为这里有狂野奔放的狂欢节，被誉为"巴拉圭的里约热内卢"。

恩卡纳西翁是个边境城市，处在巴拉那河岸边，河的对岸就是阿根廷的波萨达斯市。我站在岸边，翘首注视这条界河，忽然想到了当年的三国之战……

突然，有人喊了一声。回首一看，那是当地的一群姑娘正在嬉闹。当她们得知我是来自中国的客人，纷纷拉我合影。身后，恰好有一组巨大的英文字母，字意为："我爱您，心中的恩卡纳西翁"！

⬇ 字意为：我爱您，心中的恩卡纳西翁！

第七章 乌拉圭

南美洲的瑞士

　　乌拉圭是南美洲的小国。然而，它拥有广阔的草原和发达的牧业，造就了南美洲的瑞士风光，其牧业主导了国民经济的发展。尽管国小，却有"阳台王国"、"玫瑰之园"、"足球之国"的美誉！首都蒙得维的亚被称为"南美的巴黎"，而埃斯特角城，是南美乃至世界闻名的度假胜地和世界著名的国际会议中心。

"海上门户"蒙得维的亚

汽车在乌拉圭境地奔驰。

乌拉圭（Uruguay），全称为乌拉圭东岸共和国。一听就知道这个名字来源于乌拉圭河，而"乌拉圭"在瓜拉尼语中意为"小鸟居住的河流"。国土处在乌拉圭河以东。从地图上看，乌拉圭左边是阿根廷，右边为巴西，南濒大西洋，其形状像一块绿宝石。乌拉圭因盛产紫晶石被誉为"钻石之国"，又因优美的自然风光被称为"南美瑞士"，另外乌拉圭还有"玫瑰之国"、"阳台王国"、"海上门户"之美誉。

进入首都蒙得维的亚（Montevideo），参观的第一个项目是铜牛群雕。群雕是一群牛列队走在河边的草地上，形态各异，活灵活现，非常逼真。陪同采访的李梦静女士介绍说："乌拉圭面积只有17万平方公里、350万人口，是南美洲的小国，但人均收入却在南美名列前茅，是南美洲最发达的国家

▼ 铜牛群雕

之一。乌拉圭以牧业为主，人均牲畜头数居世界前列，被称为"牛羊之乡"。乌拉圭将牛列为国宝，铜牛群雕就说明了这个国家对牛的重视和崇尚。"

李梦静说完又补充了一句，牛的雕塑是国家工会竖立的，牛的另一层意思是为大众争取权益。这些铜牛群雕于1934年落成，群雕共有6头牛，拉着一辆木质大篷车在草原上艰难行驶。车的右侧是一位骑马的高乔人，反映了他们生活的艰辛及其抗争恶劣环境的大无畏精神。当我问及乌拉圭为什么牧业发达时，李梦静说："这个国家河流众多，水源充足，内格罗河水库是南美洲最大的人工湖，水资源造就了草原牧业。"

李梦静来自北京，6岁起跟随父母来到乌拉圭。15年的乌拉圭生活让她完全掌握了这里的语言。她介绍说："乌拉圭国小，但历史悠久，早在公元前就居住着查鲁鲁亚印第安人。1516年被西班牙探险队发现。1680年后一直是西班牙和葡萄牙殖民者的争夺对象，后沦为西班牙殖民地，并由西班牙殖民者建立了蒙得维的亚城。1811年民族英雄何塞·阿蒂加斯领导大众进行民族解放运动争取独立。1825年胡安·安东尼奥·拉瓦列哈等一批爱国者与殖民者展开殊死斗争，最终解放全境获得独立。目前首都是全国第一大城市，人口150万，几乎占全国的一半。整个城市坐落在拉普拉塔河岸边，濒临大西洋，是全国最大的海港，也是乌拉圭的海上门户，其海滨大道沿海岸线绵延十多公里，风光秀丽，是休闲观光的极佳场地。"

首都蒙得维的亚是葡萄牙语"我看到山了"之意，据传，17世纪，葡萄牙探险队首次抵达这里时，一名水手发现了老城区西北部的一座山时惊呼"我看到山了"，蒙得维的亚由此得名。

行走在街区，发现市内有很多绿地公园，更让人新奇的是，国家体育馆、足球场建在公园内。在李梦静的带领下，当我们走进国家足球场坐在观众台环顾整个场地时，骤然愣住了：7万个观众座位！比巴西足球场逊色不了多少，这么小的国家怎么建这么大一个足球场？

李梦静介绍："这叫圣迪那里奥足球场，因为它坐落在圣迪那里奥公园内。乌拉圭人对足球非常酷爱，人人都是足球迷，这并不完全因为与巴西比邻，而是因为这个国家在1930年和1950年两次获得过世界杯足球赛冠军，

⬆ 展厅里收藏的足球奖杯　　⬆ 拥有7万座位的足球场

且屡次在南美洲足球赛获得第一名,捧走奖杯。"说完,李梦静带我去看一个展厅,展室中摆放着很多足球夺冠的奖杯,特别是1930年世界杯足球赛的冠军奖杯。

走出足球馆,我对乌拉圭又加深了另一个印象,原来这个国家还是"足球之国"!它是第一个足球世界冠军产生的地方。

穿过街区,我来到市中心独立广场,四周有总统府、市政厅、博物馆、索利斯剧院、萨尔沃宫。广场中心立有国父——民族英雄何塞·阿蒂加斯骑马的雕像,下面是国父的墓地。雕像高17米,重30吨。雕像基座上镶嵌了反映了阿蒂加斯带领人民大迁徙的历史场面。这里其中最古老、最有特色的建筑为帕拉西奥·萨尔沃宫,看上去建造得高大、宏伟,拥有殖民地式样的外观,高耸入云的钟楼似升空的火箭,顶部是电视塔。自1927年建成以来,这座24层的建筑,一直是全市最高的建筑物。萨尔沃宫现已商业化运作,是外国嘉宾、总统热衷下榻之地。

蒙得维的亚以独立广场为界,东面是新市区,西侧为旧市区。我沿广场西行,迎面是城堡门,两边的立柱靠在石墙上,已有上百年的历史。看

⬆ 独立广场上的总统府和国父雕像

⬆ 萨尔沃宫

起来沧桑而古老。迈过城门，是全市最古老的萨兰迪街。沿着这条看尽人世变换的步行街走过，坑洼的青石板路，斑驳的院墙围栏以及街边偶尔出现的巨型剪子木雕，让人仿佛回到过去的殖民时期。

⬇ 萨兰迪古街尽头是旧城门

⬆ 沿街摊位多卖马黛茶罐　　⬆ 茶罐

　　萨兰迪古街上，马黛茶器皿摊位比比皆是。李梦静从摊位上拿起一个介绍说："这种茶罐带有一个铁质吸管，是结交朋友的最好工具，就像人们之间相互递烟一样，一支烟可交一个朋友，饮一口茶即可结盟。"马黛茶被誉为"上帝的饮料"。古街上还有很多大麻研磨盒摊点。我有些纳闷，大麻是禁品啊，为什么这里公开出卖研磨大麻的工具呢？我从摊位上拿了一个，盒盖上用英文写着：大麻合法。这几个字使我莫名其妙！李梦静走过来介绍说："在乌拉圭，吸大麻是合法的，所以在研磨盒上都标注合法字样。这是与其他国家不同的地方。"我感觉很新鲜，特意买了一个大麻研磨盒，以此留念。但是大麻是不敢买的，乌拉圭可以出境，但入境其他国家势必会带来很多麻烦。

　　沿街而看，闻名于世界的独特的阳台构思奇特，各式各样，让人驻足流连。难怪乌拉圭被誉为"阳台王国"。

　　宪法广场被众多的树木覆盖，从树的缝隙中依稀可见周围殖民时期旧议会大厦马特里斯教堂及意大利设计师设计的豪华大楼，广场的中心是一个古老的喷水池。

　　过宪法广场继续前行就到了萨巴拉广场，广场立有旧市区的创建者阿根廷总督萨巴拉雕像。

　　独立广场、宪法广场和萨巴拉广场由萨兰迪古街连接，构成了旧市区。

新的议会大厦建在市区的北部，沿解放者拉瓦列哈将军大道向东北走即到。议会大厦为希腊风格，建造得雄伟壮丽，由意大利建筑师莫雷蒂设计。始建于1925年的这座大厦，外表为大理石，内部装饰豪华，令人叹服。大厦前面是群雕，庄严而肃穆。

信步于首都街区，最为关注的还是中国元素。大街上奔跑的汽车有很多吉利，李梦静说中国吉利汽车销量在乌拉圭绝对第一，超过日本和欧美国家。乌拉圭人就认中国吉利这一品牌，小巧、玲珑、耐用，备受欢迎，而价格不比其他品牌低，售价为2万美元。中国吉利在乌拉圭建有分厂，市区有很多吉利4S店，专门销售吉利汽车。

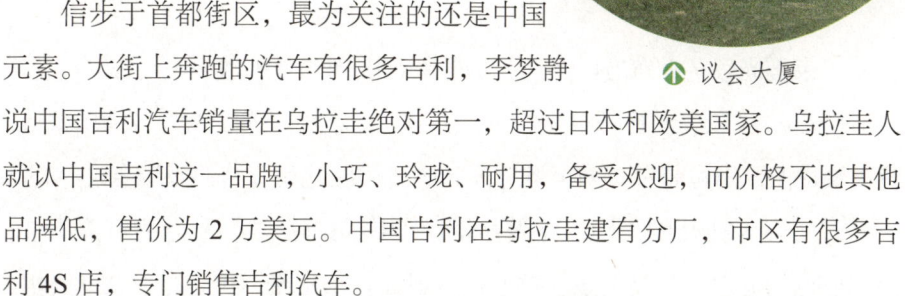

⬆ 议会大厦

入夜，蒙得维的亚沉睡在大西洋边。然而，这里的夜晚并不平静，很多娱乐场所相继开始营业，特别是多家探戈表演场地。据悉，乌拉圭人认为探戈的发祥地是蒙得维的亚，而不是布宜诺斯艾利斯。这是因为探戈的代表名曲《拉昆帕西达》是由乌拉圭的作曲家马托斯·德多里格斯谱写的。我慕名欣赏了一场探戈舞蹈，从演奏到跳舞，确实唯美不凡，值得一看。

⬇ 中国吉利汽车4S店

去往埃斯特角城

一束霞光喷洒在东方的天边，催升着红云向四处扩散……

清晨，从乌拉圭首都蒙得维的亚市出发，向着东部 130 多公里的埃斯特角城进发，那里是南美乃至世界闻名的度假胜地和著名的国际会议中心。

汽车迎着初升的太阳沿拉普拉塔河北岸向东行驶，霞光将河面染红，荡起血色的波浪，煞是美妙。拉普拉塔河面宽得出奇，最宽处达 220 公里，根本看不到对岸，很多人误将这条河认作大西洋。其实不然，细看河水就知道了，是黄色的波浪。

沿途，皆是绿树、草原、牛羊，夹杂着农舍，真是一片瑞士风光，难怪乌拉圭被誉为"南美的瑞士"。

一路瑞士风光相随，温婉秀丽。经过一个半小时的车程，来到接近埃斯特角城郊外的圣安都尼由山，又称天使山。当到达山顶时，我看到山巅之上建有一个天使庙，不少人进去朝拜。站在天使庙台阶上，可俯视埃斯特角城。放眼望去，海湾沙滩，高楼大厦，蓝天白云，煞是好看。

⬆ 角城鱼脊

埃斯特角城在西班牙语中意为"东之角"、"东部之端"。所谓角城，是伸向大海中的一块陆地。一边是大海，一边是拉普拉塔河入海口，特殊的地理位置和特色建筑及气候，使角城名声显赫。1987年世界关贸总协议乌拉圭会议、1988年"八国集团首脑会议"、"1990年世界议会联盟第84届大会"等等，许多国际会议相继在这里召开，使角城蜚声全球，吸引了世界各地的人前来消暑、疗养、游览。据统计，每年有70万人来此度假，乌拉圭一半旅游业收入来自角城。

其实，角城在17世纪初时，还是一个很小的渔村，曾以"伊图萨因戈村"战役命名。1829年起开始工业发展，主要是屠宰业、烟草业和渔业。1907年取名为埃斯特角城。

在角城右侧2公里处是戈里蒂小岛，17和18世纪时曾是葡萄牙等国殖民者的军事要塞，现在仍有西班牙修筑的防御工事遗址和大炮。右前方还有一个海狮岛，岛上有一座50米的灯塔，周围栖息着众多的海狮。

又行进20分钟车程，来到角城市区边缘，首先参观了角城所坐落的鱼脊之地。这里是伸向大海之中的一条窄小陆地，像一把利剑直插大海，两边距离至多20米，成了角城一景。这里建有一座白色的"人民之城"(casapueblo)，是角城的一大景观。我走进"人民之城"，城里全部用白色涂抹，里面的整个建筑统统是用手捏制而成。这个"手捏之城"出自乌拉圭一位艺术家，他的构思非常妙巧，尽管用手用泥捏制而成，但非常坚固。"人民之城"像个迷宫，稍不留意就会迷路，但它的艺术性极高，很有欣赏价值。

市区高楼大厦林立，街道设计都很现代，不愧为国际会议中心。角城

⬆ 美丽的海滨城市角城

两边海域不尽相同，东边是"狂暴海域"，西面为"温顺海域"。"温顺海域"成了停泊船只的良港码头，可泊 800 多艘游船。美洲国家的国际会议常在此召开。我来到"温顺海域"避风港，看到这里停有很多渔民的船只，沿岸不少渔民有的织网，有的分装鱼块，还有的摆起小摊儿出售刚打上来的活鱼。在渔港附近，恰好遇到了乌拉圭一位退役足球队员。他高高的个子，健壮的身材，一看就是运动员。"我退役后，在此开了一家海鲜餐厅，凭我的名气，很多人前来就餐。"幸福洋溢在他的面庞。

顺着角城的海岸线行走，前边出现了一处人物雕像，迎着海风摇摇晃晃。走近一看，原来是用垃圾做的雕塑，李梦静说："这些垃圾都是从海里捞上来的，用垃圾雕塑，皆在呼唤人们注意保护环境。"

距垃圾雕像不远处是"巨手雕刻"。只见一只非常大的手掌埋在沙山里，只露出五个手指，每个手指十个人合抱不住。为什么在沙山上雕刻如此大的手指？李梦静解释道："也是在提醒人们保护生态环境，如果无序开发，无序破坏森林草原，那么土地就会退化为荒漠！"

在李梦静带领下，过一处波浪大桥（the Wavy Bridge Leonel Viera）来

⬆ 海底垃圾雕塑旨在呼唤人们保护环境　　　　⬆ 沙埋人手雕

到角城最昂贵的居民区，被称为贝弗利山。在这里，我们参观不同风格的豪宅。据悉，这里的住户大都来自阿根廷、巴西、智利等国家的达官显贵。走在豪宅区，那参天的树木，绿油油的草地，盛开的鲜花，华丽的房舍，环境幽雅，回味无穷……

角城，不愧为国际会议中心！

角城，世人追寻的最佳度假胜地！

⬇ 海边的手捏之城　　　　⬇ 度假村

第七章　乌拉圭：南美洲的瑞士 | 131

智利

第八章
世界上最狭长的国家

被誉为"丝带之国"的智利,南北条状地形长达4352公里,形成色彩斑斓的不同自然风光:沙漠、绿洲、雪山、河谷、冰川、雨林……风情万种,异彩纷呈。您可以到最北部的阿塔马卡沙漠体验干热干渴的味道,也可以到最南部的合恩角感受骤风的寒冷;您可到中部的圣地亚哥欣赏殖民时期的古朴建筑风格,也可到东部茫茫大海探秘复活节岛上的巨石人像……

夜幕中的圣地亚哥

　　进入智利（Chile）首都圣地亚哥（Santiago）市区已是黄昏，在夜幕降临之前，我首先登上市区最高处的圣克里斯托瓦尔山。尽管海拔只有864米，这里却能俯瞰全市。山上建有用大理石雕成的高14米、重36吨的巨型圣母玛利亚像，拥抱全城，佑护平安。这里还建有天文台、动物园、文化之家、游泳池，草木旺盛，生机盎然。

　　落日晚霞，将圣地亚哥染红，城区纵横的街区淋浴在一片霞光中。站在山顶，陪同探访的李丽女士介绍起这座城市。圣地亚哥东西长40公里，南北50公里，是南美洲第四大城市，共有700万人口。圣地亚哥坐落于马波乔河畔，泛美公路从此穿过，碧波粼粼的河水在城中缓缓而流。东依安第斯山，西临瓦尔帕来港，这是一座有着400年历史的古城。古城中心地带还有一座圣卢西亚山，在那座山上，西班牙殖民者瓦尔迪维亚1541年率领150名骑兵第一次抵达，并在山上修筑了西班牙在南美洲大陆的第一座炮台，在山下用泥砖和草木建起了一批住宅，这就是圣地亚哥城的雏形。之后，城市慢慢发展起来，一直到现在的规模。

　　天，逐渐黑下来；灯，慢慢亮起。我们走下山，顺着圣地亚哥最著名的大街奥

⬆ 奥伊金斯大道

伊金斯大道悠闲地散步。大道长3000米，宽100米，横贯全城。两旁林荫遮道，鲜花盛开，绿地绵延，每走一段就有一座喷水池和造型不一的纪念铜像。林立的高楼大厦、银行酒店、娱乐餐饮，目不暇接。李丽说："这是全市最繁华的街道，等同北京的长安街。街的西端有著名的解放广场，东边有巴格达诺广场，中部有自由广场。在两边不同的位置散落着南美最大的图书馆、古老的智利大学、博物馆及教堂、美术馆等等。"

华灯初放，车水马龙。迎着霓虹灯，我从大道中间地段的自由广场切入，走进老城区踏访。

自由广场是人们集会的政治场所。这里的灯光变化无穷，时蓝时绿，时红时黄，通过广场平静的水池将莫内达宫映照得更加宏大庄严，又璀璨无比。莫内达宫现已成为总统官邸。"莫内达"当地语为"钱"的意思，这里最早是国家印制货币之地，始建于1784年。这是一座殖民地风格的杰出建筑，宫殿闻名于世在于一次军事政变。那是1973年，军事领导人皮诺切特突然发动政变，他带着部队包围了莫内达宫，枪炮声响成一片，在轰炸声中宫内的阿连德总统自杀身亡。这一震撼世界的事件一下子传遍全球，于是莫内达宫也因此闻名。走近宫前，墙壁上的弹孔和枪眼历历在目。关于政变，

⬇ 总统府又称莫内达宫

在《失踪》《革命商人》书中和《下雨的圣地亚哥》电影里都记述了当时的情况。

莫内达宫南面是自由广场，北边是宪法广场。我们绕行至宪法广场，看到建有喷水池和大片草坪，还立有玻利瓦尔的雕像。从这一面看莫内达宫，更加壮丽秀美。

踏着夜光，从宪法广场继续北行，过镶有黄金门的中央银行，来到国民议会大厦。议会大厦也是一座古建筑，宏伟大气，其装饰可谓豪华。对面是法院大楼，建造得同样庄重，且具殖民风格。

顺议会大厦和法院中间的一条路东行，来到市中心的阿马斯广场，又称武器广场，它是老城区的中心。这里格外繁华，繁茂的林中草地，集满了休憩的人群，在夜幕中喝着、跳着、玩着，好不热闹。周边的建筑有市政厅、历史博物馆、中央邮局、圣地亚哥大教堂、圣地亚哥博物馆等。广场中有印第安人头像和瓦尔迪维亚骑马铜雕。中央邮局的前身是旧总督府，1810年智利独立后曾为总统官邸。市政厅原为一所监狱，18世纪下半叶改建为古典主义风格，1892年成为政府办公地。圣地亚哥大教堂始建于1558年，共有三个拱形长廊，每个长廊上百米。大教堂是智利天主教的总堂，里面有各种圣具，圣具放置处有《最后的晚餐》。浓厚的耶稣基督会思想色彩，

阿马斯广场印第安人雕像

旧总督府

成为信奉天主教人的精神支柱。阿马斯广场西南角，竖立着一块人与石的艺术雕刻，也很有意境。在广场踏访时，恰遇一群人正在跳"奎格舞"，男女对跳，节奏明快，热情奔放。女子穿花裙，男士穿黑衣，肩上是毛线大披肩，头戴硬壳呢帽。李丽向导说："这是智利流行的一种民间舞蹈，在文化习俗上保留了民族特色。"

灯火通明，人流不息。走在阿马斯广场连着的步行街上，看到两旁开有很多咖啡厅和餐馆，给夜晚的城市带来一片繁华，尤其咖啡厅，一处连一处，异常火爆。奇怪的是，这里有很多"比基尼咖啡厅"，服务小姐都穿着比基尼泳装，她们被看作是现代气息的标志，为的是吸引人们的目光。据介绍，目前全市有150多家这样的咖啡厅。

↑ 步行街两旁饭店、咖啡厅比比皆是

还有一个新奇的怪现象，一家"动物餐厅"闻名于世。餐厅内的服务员都是由训练有素的动物担当。当顾客刚进门，鹦鹉会用英语打招呼"欢迎光临"，坐稳后立刻有狗叼着菜单过来让点菜；稍等片刻会有猴子将所点饭菜端上餐桌。这种设计别出心裁，顾客盈门。

回到奥伊金斯大道，望着来往的人流，奔跑的汽车，变幻的灯光，感叹圣地亚哥不愧为南美的大都市！感叹智利这个拥有75万多平方公里、1800万人口的国家的昌盛，它与阿根廷、巴西并列为南美ABC强国！

智利，这个在世界上唯一生产硝的国家，这个世界上铜矿资源最丰富、享有"铜王国"美誉的国度，这个南美洲第一个OECD（经合组织）成员国，这个全世界国土最狭长的"丝带之国"，必定有更加广阔的前景和美好的未来！

神奥的复活节岛

蓝天之下，云海之上。

飞机正朝着智利西部4000多公里太平洋中的复活节岛航行。复活节岛号称"世界第七大奇迹"。1995年，被列为世界文化遗产。

望着窗外的云海，透过飘忽的云朵，俯视无际的大洋，心中还回味着圣地亚哥之行……

我是凌晨4点抵达机场的，早晨准备飞往复活节岛。复活节岛是智利的一大亮点，也是整个南美洲乃至世界的一处神奇之地。到复活节岛必须乘飞机前往，而机票需要提前半年预定和办理相关手续，因每年登岛人数有限量。很多人希望有生之年登一次复活节岛，看看至今没有解密的石头人像，梦想欲成真，却一票难求。

经过长达5个多小时的飞行到达复活节岛机场。当走下飞机踏上岛时，顿有"天高云淡，望断南飞雁"之感，充斥着神秘诡异！这就是日思梦想的复活节岛！心情瞬间放飞！

突然，一阵海浪打来，搅乱了我的思绪，复活节岛的首府加罗阿村到了。这是岛上唯一的一个村庄，共有3000多人，两条主要街道。村落沿街有土著人住宅、教堂、邮局、工艺品商店等。

信步在复活节岛，土地、山梁、海滩、野草、鲜花、石块，一切都那么新奇，就连蓝天中的太阳也显得那样灿烂夺目。

复活节岛呈直角三角形，我是沿三角形斜边的一端海岸线行进的，首先去往拉诺拉拉库石像遗址。途中，边走边听向导戈先生介绍："这座海岛

🔼 昂首注目

闻名世界源于岛上大大小小 900 多尊石像，落在岛上，有的被海水波浪冲洗得变成普通石块，有的半插在土地中。为什么小岛上有这么多巨石像？为什么雕塑得如此活灵活现？这些人的祖先是谁？都是一个个没有破解的谜。

不知不觉走到拉诺拉拉库石像遗址。只见散落在半山腰中的石像显露出来，好一片凄凉之感！石像有半身的，有整身的，有躺着的，有半侧的，头部又大又长，高鼻深目，长身垂肩，下巴前突，两肩下垂，表情沉重，神秘莫测，令人惊叹！400 年来，复活节岛上的巨石像一直注视着远方的天空，忍受着狂风骤雨，始终是沉重而漠然的表情！一种忧愁之感不禁油然而生……

拉诺拉拉库山上共有 397 尊石像，形态各异，其中埃尔西干特巨人像是全岛最大的，高达 21.6 米、总重量为 182 吨；托利托利巨石像是岛内唯一一尊珍贵的正座像，下巴上雕刻着胡须，目光朝向天空。

与拉诺拉拉库石像群相隔不远处的海边是阿胡通加里石像遗址。当来到这里，看到 15 尊直立巨像一字列队排列，长达 100 多米。太震撼了！这是复活节岛上排列最长的石像群，规模宏大，阵容整齐。石像一尊尊背朝大海，面向全岛，好像在守卫着复活节岛。直立的巨石像只有这里才有，再

⬆ 15尊巨石像一字排开蔚为庄观　　⬆ 阿纳凯纳海滩边的巨石像阵

加上15尊一字排开，成为全岛最神秘、最引人入胜之地，宣传复活节岛石像的照片就出自这里。

　　探访的第三处巨石像为阿纳凯纳海滩，据说霍图马图阿王登陆的地点就是这里。复活节岛上本来没有树，而这一海滩上却生长着很高的椰子林。这是1961年从大溪地岛运来椰子苗在此扎根生长的。海滩上7尊巨石像一字排开，其中一尊是霍图马图阿王的雕像。7尊中5尊头戴普卡奥，这在复活节岛是很少见的。

　　这里的夜是那样宁静，这里的星座是那样的清晰，这里的原野是那样的空旷。那么，复活节岛的来龙去脉呢？踏着夜色，我走访了当地土著居民。1722年，荷兰航海家第一次踏上该岛恰遇复活节，小岛由此得名。当地土著人称该岛为拉帕努伊岛，他们认为万物是可以复活的，所以每年一至二月在此岛隆重举行拉帕努伊节，节日持续一周，最后一天竞选拉帕努伊女王。土著人介绍："复活节岛面积117平方公里，周长58公里，三角形各角各有一座火山。岛上没有树，没有鸟类，除了鸡没有其他任何动物。"复活节岛曾经闹过一场传染病，活下来的只有百余人，后来繁衍生息。对于石像的解释：一说上帝造的；一说外星人造的；还有说是古人开凿的，说法不一，没有定论。

　　寻访，一直进行到深夜……

次日清晨，迎着初升的太阳，继续复活节岛的寻访。路过机场，绕过山梁，来到海边的阿胡维纳普石像遗址。让人惊奇的是，这里的石像大都脸朝下倒在一堆乱石上，横七竖八，只有少数几尊坐立。这里有石头砌起的高台，其中一面石墙尚保留完好，这曾是一个庞大的祭坛。石墙砌得非常平滑、细腻，看不到一点缝隙，与秘鲁残留的印加遗迹基本相同。考古专家认为与玻利维亚的蒂亚瓦纳科遗址以及印加文化有关联。那么，祭坛到底是祭祀什么呢？因为年代已经久远，至今一直是个谜。

戈先生让我走近石墙，将手表贴在一处石缝，我惊奇地发现手表秒针不走了。打开手机指南针，所指方向也失效了。为什么这里有超强磁场？这些怪现象连科学家也无法解释。据向导介绍，祭坛是因战乱倒塌的，现在没有任何文字记录。在祭坛旁，还有石槽、石墩、石柱，最突出的还有直立着的一尊女性巨石像，但没有了脸部，这是复活节岛上唯一残存的女性石雕，其他6尊均被推到大海里淹没了。

离开祭坛遗址北上爬上一座山，来到普卡奥遗址。站在山顶，可俯视安加罗阿村全景和大海。令人奇怪的是，这里没有一尊巨石像，却散落着很多石像巨石帽。"普卡奥"在当地语中意为"石帽"。石帽雕刻得太大了，

▽ 漫山遍野皆石像　　　　　　　　▽ 巨人之手

第八章　智利：世界最狭长的国家 | 141

⬆ 祭坛石墙上神秘的石洞　⬆ 祭坛石墙

有如一间圆顶房屋。望着巨石帽，我开始纳闷，这一顶顶如此大的巨石帽如何运下山呢？这又是一个谜……

阿胡基维巨石像遗址处在岛的东部。走过一片荒凉的草地，看到高丘上一字排开7尊巨像面朝大海。在复活节岛，巨石像都是背朝大海，面朝内陆，而此7尊巨石像却反之，偏偏遥望大海。据介绍，这些石像是霍图马图阿

⬇ 石帽足有一间
　房屋之大

142　去南美

王的希瓦国 7 个部落的 7 名酋长的雕像,他们一个个目光炯炯,注视着前方大海中的 3 座小岛,那是他们的故乡,被称作"希瓦"国。他们直视的角度恰是春分、秋分日落的方向,这又是一个不解之谜。

复活节岛博物馆是必去之地。展厅中的"巨石像眼"最引人注目,眼左右长 36 厘米,上下宽 19 厘米,白眼球由白珊瑚造,黑眼球使用黑耀石和红色的安山岩石。

展厅展出的 4 块刻有"克豪龙戈龙戈"文字的木板令人费解,是一种不可思议的文字板,所刻符号有的像人,有的像鸟,有的像草木,有的像船桨。据专家讲,龙戈龙戈板是从左往右读,下一行是从右向左读。这种奇妙的阅读方式非常神秘,世界各地的学者一直在研究,但始终读不懂读不透,成了难解之谜!有的说是编织物的图案,有的说是族谱,还有的说是被杀者的名簿,说法不一。

就要离开复活节岛了!然而一连串的不解依然在脑海中回旋——

神奥啊!复活节岛……

新奇啊!拉帕努伊……

▼ 唯一面朝涛涛大海的巨石像

世界最南部有村落的岛

海浪减退，水波渐缓。

航船转了个弯，停靠在合恩角。合恩角（Cape Horm）位于南美洲最南端。在南极大陆未被发现之前，这里被看作是世界陆地的最南端。它的名字起因一名航海家，那是1616年，荷兰航海家斯豪滕航行绕过此角并发现了此地，于是以他的出生地"合恩"命名。

合恩角归属智利，也是智利国土的最南端，它是一个陡峭岬角，通过这里的经纬线是大西洋和太平洋的分界。合恩角是世界五大海角之一，其他四个海角分别是鲁汶角、好望角、塔斯梅尼亚的东南角、斯地沃尔特的西南角。合恩角北对南美洲，南临德雷克海峡，隔海峡与南极相望，属于次南极疆域，堪称世界上海况最恶劣的地方。由于恰临德雷克海峡，气候阴冷多雾，终年盛吹强烈西风，岸外海面波涛汹涌，风暴异常强烈，海水冰冷，历史上曾有500多艘船只在此沉没，两万多人葬身海底，因而得名"海上坟场"。

登陆合恩角，这里又是另一番景象。合恩角聚集了大量的飞鸟，比喻成千上万，太少了。应该说几十万，乃至上百万。只见漫山遍野全是鸟，什

▼ 远眺合恩角村落

⬆ 山顶处的飞鸟，同样的盛况。

⬆ 漫山遍野密密麻麻的海鸟，这是它们的栖居地。

么鸟窝、鸟蛋、鸟粪，比比皆是，尤其鸟窝，一个挨一个，密密麻麻，多如牛毛，就连山崖缝隙里都是鸟的栖息地。山头上时时出现一片飞鸟，遮天蔽日；山腰间群鸟落地，把裸露的山石盖严、盖实。细细观察鸟儿们的颜色，有黑的、蓝的、白的、灰的，五花八门，异彩纷呈，很是抢眼。再看海鸟的身姿，有向海面俯冲的，有向天空冲刺的，有掠过山顶山谷的，有钻向绿草丛中的。它们体态优美，飞翔自如，叫声悠扬。

这里俨然成了鸟的王国，鸟的领地，鸟的世界。

近距离观看一处鸟巢，巢窝搭建得十分简单，只是平铺了一层密密麻麻的小石子，中间较低、四周略高，小石子上铺有干枯的地衣和草叶。它们就是在此生儿育女。

在合恩角，我走访了半山腰处一户人家，他们已在此生活了30个春秋，主人讲述了合恩角的前世今生。

合恩角有"世界最南部有村落的岛"之称，整座村子建在冰碛岩石的山坡上。

从山上望去，村里的房子都是斜顶建筑，据说这样才不会堆积沉重的雪，因这里大半年以上都在下雪。合恩角离南极很近，捕鲸活动曾是这里的重要产业。

在这里可以看到用鲸骨围成的栅栏，农家小院里有用鲸椎骨做成的

↑ 鲸骨遍布院墙

↑ 风吹树倒

小凳。

在1914年巴拿马运河通航之前，这里是大西洋与太平洋之间航行的必经之路，当时航船比肩，繁华异常。现在轮船经过巴拿马运河比绕道合恩角缩短一万多公里航程，很多航船因此而转道巴拿马。但是通过运河不仅受到吨位限制，而且还要等待闸门开启，费时太多。所以"人工海峡"还不能完全代替天然海峡。当今的合恩角尽管不比往日繁华，但还是有着很大的吸引力，来往船只依然不少。

对于合恩角的恐怖传说，作家弗朗西斯科·科洛阿内曾这样描述：合恩角破碎不堪，形成了无数岛屿，小岛之间神秘莫测的沟壑蜿蜒曲折，一直通到世界的尽头，通到"魔鬼的坟场"。凡是通过这里的航海者都说，魔鬼被一条两吨重的铁链锁在合恩角这个距地球两大洋的汇合点仅一海里的可怕地方，每逢风暴突起，阴森恐怖的夜晚，波涛和黑雾仿佛在天渊……

1984年，中国南极科考队首次去往南极就曾经过合恩角，并且顺利通过。

合恩角，这个让人很难到达的地方，给我留下极深印象：原始、萧条、闭塞；寒冷、风大、雾多。但，它是海鸟的天堂，飞鸟的家园。

可惜的是，合恩角有智利的驻军和军事设施，很多地方不能靠近，只能远远观望。

第九章
马尔维纳斯群岛
世外桃源

　　偏僻、封闭、原始；远离大陆，远离繁华，远离世俗。

　　这，就是马尔维纳斯群岛。数以百计的岛屿，上万平方公里的面积，两千多人口的岛民，过着与世隔绝的安逸生活，被誉为"世外桃源"。这里是动物的乐园，活动着南极特有的企鹅、信天翁、鸬鹚……

人间天堂斯坦利港

马尔维纳斯群岛（Malvinas lslands）又称福克兰群岛（Falkland lslands），阿根廷与英国的一场马岛之战使之扬名于世。

办完入境手续后进入斯坦利港小镇。斯坦利港（Port Stanley），北临海湾，南依山坡，整个城镇最宽敞、最绵长的一条大路名为海滨大道，由东而西依次建有纪念碑、教堂、鲸骨公园、马岛之战纪念塔、球体雕塑等。走在洁净的马尔维纳斯首府海滨大道，第一感觉这个镇太小了，

⬆ 战争纪念碑

居民总共2000多人，在册者有1672人，其中包括斯坦利港之外群岛上散居的住户，只就斯坦利港还没有那么多人，通过目测可数大致有多少房子，有多少棵树。

我首先来到烈士纪念碑前。碑体是一个耸入云天的十字架，碑的东侧是一片墓地，这里埋葬着马岛之战死去的军人。碑林中，有人在扫墓。沿海滨大道西行，过汽车站、教堂，是一处别具特色的鲸骨公园，其中立有三根鲸鱼骨搭建的支架，说明这里与鲸鱼有千丝万缕的联系，距南极也不太远。通常情况下，人们若进入教堂，都要经过鲸骨三角架。出鲸骨公园

⬇ 居民住宅依山而建

继续西行,便是马岛之战纪念塔。纪念塔与纪念碑遥相呼应,应该是斯坦利港的地标。纪念塔为方形立柱,四面雕刻着文字,记述着马岛之战的情况。塔的后面是一扇半圆形的墙体,上面雕刻着马岛之战的场面,通过活灵活现的图画,仿佛闻到了马岛之战的火药味……

从海滨大道南行,直插斯坦利港的最高处,俯视小镇全貌。看上去,街道很窄,少见汽车,就连行人也屈指可数。小到什么程度了呢?一家超市、一家银行、一家商铺、一家邮局、一家宾馆、一家医院、一家电台、一家周报、一所学校。就这家医院而言,只有4个医生28张病床。若遇到重病号需转到英国和乌拉圭救治。尽管它距离阿根廷最近,但因为战争原因,堵死了沟通渠道。

⬇ 鲸骨与教堂

第九章 马尔维纳斯群岛:世外桃源 | 149

斯坦利港尽管小，但街道整齐，房屋错落有致，全是英式房舍、英式院落、英式围栏。路旁、庭院、街心都是青草鲜花，就连家家户户的凉台也挂满红花绿叶，环境优雅，空气清新，堪称"人间天堂"。

只有弹丸之地的斯坦利港素有"世外桃源"之称，也夹杂着商业气息。比如"企鹅"的标识与乌斯怀亚一样，很多很多。"企鹅"的字样比比皆是，"企鹅"的图画充满大街小巷，墙上、屋檐、电杆、邮筒等无处不在，眼花缭乱，将南极气氛渲染得淋漓尽致。企鹅是南极的象征，从企鹅自然联想到南极。穿行在"企鹅"标识的小镇里，仿佛闻到了南极的气味，给人的第一印象是南极就在眼前。因为企鹅不仅是南极的象征，还是南极的符号。就在马尔维纳斯群岛，也聚集着很多企鹅。为此当地人把企鹅当作招牌，张贴于街头巷尾，吸引游客。

斯坦利港始建于1840年，全镇的人口结构多为英国人后裔。由于偏远、闭塞，几乎与世隔绝，所以发展缓慢。这里的人们主要从事畜牧业，以养羊为生。全岛共有羊群70多万只，所有羊毛运到英国加工销售。

为了深入了解当地的历史情况，我来到斯坦利港博物馆参观。博物馆很小，但藏有大量珍品实物。根据文字记载，英国人约翰·戴维斯在1592年最早发现该岛；1690年，最早登陆的英国船长约翰·斯特朗以英国海军将领福克兰的名字命名该岛为"福克兰群岛"。后来，西班牙人登岛，命名"马

◆ 树木要经受一年四季肆虐的大风。

尔维纳斯群岛"，这个名字出于西班牙语。之后，阿根廷从西班牙手中接管该岛。围绕岛屿纷争，阿根廷和英国于1982年爆发了战争，最后英国取胜。

马尔维纳斯群岛西距阿根廷海岸500公里，由东岛和西岛两大岛及200多个小岛组成。东岛长140公里，宽97公里；西岛长132公里，宽75公里，总面积为12000多平方公里。岛上多为丘陵，奇花异草，动植物资源十分丰富，是信天翁、企鹅、海狮、海象、海豹、海豚的乐园。

路旁、庭院、街心处处是青草鲜花

在卡尔库斯岛做客

乌云密布,浓雾遮天,一片黑暗。

卡尔库斯岛(Carcass lslands)处在马尔维纳斯群岛的西北角,只有一户居民,户主名叫利栗。

登岛后,踏行一段坡路,沿着海湾,穿过灌木丛,向着前面的红房子走去。这个岛不像新岛上的山那么高,而是低矮的丘陵,长满黄色的野花。尽管是阴雾天,但空气依旧清新。眼前展现出一幅非常漂亮的山水画:左边是高低不平的山峦,右面是弯曲的海滩,前方树林中掩映着鲜红的房顶。路边,不断有野兔出没,小鸟在头顶叫来叫去,扑鼻的花香一阵连一阵。

当沿海滩走向那座红房子时,突然找不到它的位置,寻不到它的影子。原来它被四周的古树林遮挡住,包围得严严实实,密不透风。我弯腰钻进这片枝繁叶茂的古树林,向上看,不见天,向前看,没有边,黑乎乎的能见度极低。当一脚踩在羊粪上时,才知道这是林中羊圈。主人太聪明了,利

用天然屏障作为羊群的驻地,再好不过了。

穿过树林,终于找到了住户的入口,那是从茂密树林里开辟出的一条窄小通道。弯着腰钻进去一看,原来红色房子隐在高大的树林之中,而住户就像是生活在绿岛中,环保安静。

这是一处二层小楼,热情的户主利栗在门口迎接远方的来客,非常和气友好。走进红房子,拐进客厅时,那桌上摆满了各式各样的茶点小吃:面包、饼干、薯条、牛奶、咖啡、肉干、干果等等。利栗请我们随意品尝,却不收取任何费用。利用喝咖啡的空闲,我与利栗大叔聊了起来——

"主要经营什么?"

"养羊,很辛苦。每天很早起来照料它们,很晚才睡觉。这里天长夜短,现在凌晨3点天就亮了,4点多出太阳,晚上10点多太阳才落。"

"岛上的生态环境如何?"

"这是鸟的王国,动物的世界,特别是信天翁和鸬鹚,太多太多了,数以万计,还有企鹅、海豹、鲸鱼等。这里是南极的前沿,每年到这里观光的人很多。"

用过茶点,利栗老人特意带我到他的庄园参观。走出红房子,穿过树林,来到一片很大的牧场,牧场里摆放着割草机、汽车、拖拉机、水泵等。老人介绍说:"这里是个世外桃源,从我爷爷那一辈开始在这里驻守,已有100多年的历史。这里环境幽雅,没有任何污染,全是绿色的、自然的。我们生活的来源,主要靠养羊。尽管这里远离闹市,但交通非常方便,岛上

设有机场，如若出行，可以乘飞机。"

问及岛上的飞机，利栗大叔说："马尔维纳斯群岛设有很多机场，其中西岛设有11个，东岛设有9个，都可直飞首府斯坦利港，转机可直飞英国首都伦敦。比如要购生活用品，都是乘飞机去斯坦利港。"

卡尔库斯岛是个孤岛，没有病源，没有疾病传染的机会，所以得病的概率很低。

离开利栗的庄园，沿海滩继续前行，大约走出三公里，出现大面积的鸬鹚聚集地。谁知，这里观鸬鹚更有情趣，更有味道！鸬鹚是一种水鸟，羽毛呈黑色，闪绿光，蓝眼睛，能游泳，善于捕食鱼虾，多用柴草和海藻筑巢。我在鸬鹚栖居地细细观察，有的刚从大海里飞来，有的在筑巢，有的在秀恩爱，有的在争斗，很有看点……

真是：天外有天，山外有山，一处更比一处好！

这就是卡尔库斯岛，它是马尔维纳斯群岛的一个缩影。

⬇ 一只鸬鹚寻食回来（金耀波 摄）

⬇ 鸬鹚飞到群居处，细细寻找自己的住窝。

⬇ 庄园里的车辆

阿根廷

第十章　地球最南端的国家

世界尽头的国土，通向南极的门户，这就是被称为地球最南端的国家——阿根廷。它拥有南美大陆所有的大自然景象：漫无边际的热带雨林，烈日炙烤的干燥山脊，千沟万壑的冰川世界，土著人居住的火地岛，充满着神秘魅力。这里还有世界级大瀑布，是探戈的发祥地，马背上的民族……

"世界尽头"的乌斯怀亚

风,是寒的;空气,是凉的;阳光,是冷的。

这是一座冰冻的小城,挂在"世界尽头"白雪皑皑的山巅之下。

这就是地球最南端的冷城——阿根廷(Argentina)乌斯怀亚。

然而,它又是一座"热城"。宣传去南极的广告,铺天盖地;招揽极地一游的喊声,此起彼落。看吧!听吧!南极气氛十分浓烈!催生人们去南极的欲望,点燃行者去南极的烈火!

乌斯怀亚,通往南极的门户。

乌斯怀亚,去往南极最近的线路。

乌斯怀亚(Ushuaia)不仅是阿根廷,也是地球最南端的城市,距离南极也最近,被誉为"世界尽头"。

▽ 雪山下的"冷城"

我乘坐的大巴车身、车头都写有"世界尽头"的字样。当钻进汽车，车座上同样写有"世界尽头"的标识。从机场进入市区的马路两旁，满眼尽是"世界尽头"的广告牌，目不暇接。

"世界尽头"！脑海里不断翻卷着在飞机上听到的这四个字，汽车开动进入乌斯怀亚市区，满街又都是"世界尽头"的标牌、标签、标语、标号等。"世界尽头"旅店、"世界尽头"餐馆、"世界尽头"商铺、"世界尽头"歌厅、"世界尽头"停车场……比比皆是。乌斯怀亚，时刻提醒着过往人们，这座城市比较特殊。"世界尽头"用的是西班牙语即"Fin del Mundo"。阿根廷曾长期为西班牙殖民地，官方通用语言是西班牙语。

看过王家卫的《春光乍泄》，都会知道"世界尽头"的乌斯怀亚。但不会了解在这里"世界尽头"宣传得这么强势。不只在街道，还有机场、码头、公园，即便公交车、出租车，也大都披带着"世界尽头"的条幅，甚至有一处卫生间也标写上了"世界尽头"。让来到这里的人们时刻想到：唯独乌斯怀亚连着南极，用"世界尽头"点燃人们去南极的心头烈火和欲望……

"乌斯怀亚"印第安语意为"观赏落日的海湾"，它是阿根廷火地岛省的首府，处在火地岛南部的毕格尔海峡（Beagle Channel）北岸。如果从飞机上向下俯瞰这座小城，三面环山，一面傍水，这个水道就是毕格尔海峡。

走在大街上，背靠雪山，面向海水，站在宁静的小城里，满目古老的木屋，

▽ 市政厅是乌斯怀亚地标，位于一座小山丘上。

好似走进白雪公主的梦幻家园。主街道共有两条,为海峡沿岸的玛依普大道和市区中的圣马丁大街。

站在乌斯怀亚,最大的感受是:这里特别亮,特别白,还特别干净。夏季,白天时间很长,清晨太阳很早升起,傍晚太阳很晚落下,所以感到天长夜短。

徜徉在圣马丁广场,欣赏着中心的雕像。为什么叫圣马丁?广场一位正在习练的老人介绍,圣马丁是阿根廷的民族英雄,是南美南部独立战争的领袖,被誉为"南美洲南部的解放者"和"阿根廷的国父"。原来,圣马丁1778年出生于阿根廷,他在独立战争中为北方军司令,击退了殖民军的一次次反扑,保卫了独立战果。同时,圣马丁还帮助智利、秘鲁获得解放。

用去半个多小时,我走完了仅有16000人的乌斯怀亚。让人惊喜的是,在这个"世界尽头",竟然还有一家中餐馆,倍觉亲切,踏访是当然的了。这家中餐馆的建筑非常醒目,三角屋顶上"彩虹餐厅"四个中文字气势恢宏,旁边挂着大红灯笼。

在"世界尽头",我品尝了乌斯怀亚的特产蜘蛛蟹,味道异常鲜美,真是大饱口福,它应该是当地的主要出口产品。聆听店老板介绍:"乌斯怀亚始建于1870年,1893年设城。眼下是乌斯怀亚最火爆、最热闹的季节,多为背包过客,都是到南极的旅行者。这里距南极洲只有970多公里,是各

⬇ 商铺门前造型独特的设计吸引来客

国旅客到南极的出发点,是通向南极的一个门户,又是各国南极考察队的后方供应基地。"

"花园式城市",这是对乌斯怀亚的赞誉。花园不仅仅体现在大街小巷,更根植于每户居民的庭院。看吧,每个住宅院落里都种满了花草树木,给人春天的气息。这里冬季时间漫长,夏季时间很短,当地人充分享受夏季的温暖,尽情感受花草的芳香。

在乌斯怀亚,我还专程到海边所立"Fin del Mundo"牌匾前拍照,这是写有"世界尽头"最华丽的标牌,也是乌斯怀亚的一处景点。

这里的邮局是人们的关注点,我特意购买了印有"世界尽头"邮政字样的明信片,盖上带有企鹅图案的印章,以示到过此地。这是到"世界尽头"城市最有意义的纪念品了。

顺毕格尔海峡,搭船观看红白相间的灯塔,它是"世界尽头"的地标,一定要在这里照一张相片,作为永久的纪念。

"海角天涯"、"世界一角",这是对乌斯怀亚的美称!

乌斯怀亚,凡是来到这里的人,都有一种感觉:走到了天的尽头……

启程"冷城",来吧!只有亲身来到这里,才能体验"尽头"的味道……

▼ 写有"世界尽头"的标牌竖立在码头

火地岛

太阳当午，光芒万丈。乌斯怀亚进入一天之中最"热"的时刻，而我仍穿着棉衣抵寒。

吃过午饭，沿着山路出乌斯怀亚西行，皆是漫山遍野的原始森林。当山坡出现一片黄色的野花，火地岛国家自然保护区就到了。眼帘中的花，在寒风中是那样的鲜嫩，那样的烂漫。

火地岛被世人发现要追溯到公元1519年9月20日。这一天，葡萄牙航海家麦哲伦带领一支由5艘帆船266人组成的探险队，从西班牙塞维利亚港出发，开始了环球航行。于1520年10月28日过美洲南部一个无名海峡南行时，发现此处还有一个大岛，岛上土著居民正燃起堆堆篝火，于是他们命名此岛为"火地岛"，所穿海峡起名"麦哲伦海峡"。

火地岛是世界上除南极洲之外最南端的陆地，也是南美洲最南端的岛群，由主岛火地岛和附近数百个小岛、岩礁组成。火地岛一分为二，智利和阿根廷各有其半。岛上的居民为土著人。

火地岛国家自然保护区建于1960年，占地面积为63000公顷。

↑ 火地岛自然保护区门口

⬆ "世界尽头"的淡水湖

经过 20 分钟的车程，右手的山坡下，出现一座建筑，那是一处古老的火车站。原来，这是过去囚犯伐木所用的小火车及车站，现已开设成博物馆，展厅中多是囚凳、囚椅、囚室，完全是"囚"的感觉，就连服务员也穿着当年囚犯的衣服，让游客回味那段不堪回首的历史。

那是百年前，阿根廷把犯人逐放到这里。每天，让犯人乘坐火车到深山里去伐木。

我穿上"囚"装，伴随着火车的鸣叫和蒸汽机的轰响出发了，向着雪山、湖泊、冰川、森林进发……

穿"囚"装的心情尽管不怎么舒服，但窗外的风光美极了：麦式兰花、丛生的野草，雪山映照的湖水，戏闹的马群及野兔、水獭，一一浮现在面前，好似真的到了世外桃源。

⬇ 一眼望四季

体验过后,我又换乘汽车前行,从车窗里欣赏大自然恩赐的绝美画卷。这里的树木多以山毛榉树为主,还有桉树、桦树和叫不上名字的树木。更有一些奇妙之树,枝头上挂着数不清毛茸茸的窝,像灯笼一样,据说当地土著人就靠吃这些茸窝为生。

汽车拐过十多道弯,来到一处"湖边邮局",寄明信片的人排起长队。

保护区都是原始状态,无论用圆木搭成过河桥梁,还是用石子铺路延至森林深处,都非常自然。行走在草地路边,不断有警示牌向您提醒:"除了脚印,请您什么也别留下;除了欢乐,请您什么也别带走。"

在火地岛国家自然保护区内,还有一个看点是泛美公路的起点。它从这里向北延伸到阿根廷首都有 3242 公里,之后再沿美洲大陆西海岸继续向北,直到美国阿拉斯加州北冰洋边的普拉德霍贝,全长 17848 公里。

踏着人工踩出来的窄小弯曲的土路,走向一池湖水。这里应该是火地岛国家自然保护区中的精华:湖中水面的神秘,岸边森林的幽静,草地鲜花的芳香,飞鸟叫声的甜美,水中蓝天的诱人,这一切让人如痴如醉⋯⋯

▼ 忙碌的"世界尽头"邮局

走进莫雷诺冰川

去阿根廷，一定要到南部的卡拉法特地区领略一下冰川世界。数十条冰川源于安第斯山的巴塔哥尼亚冰原，冰原面积之大是世界上除南极洲外最大的冰雪覆盖区，被誉为"地球的肚脐"。这些冰川已列入阿根廷冰川国家公园。1981年，被联合国列为世界自然遗产。

冰川中最著名的莫过于莫雷诺冰川了，它是世界上少数活冰川之一。我乘坐的游船，一直靠近、靠近，直到靠近冰川上百米的地方停了下来，细细观看。莫雷诺冰川高80米，宽5公里，长35公里。那巨大的冰墙，足有20多层楼高，它每时每刻都在向前推进，移动速度为每天2米。

突然，"轰"的一声巨响！聆听到"冰崩"，震耳欲聋！只见飞溅落下的冰块有汽车之大，揪动人心！身临其境，充分领略了大自然中的这一奇观！

◇ 气势宏伟（金耀波 摄）

据船上的讲解员介绍："这是一次小的冰崩，每20分钟冰崩一次。大的塌陷每四年一次。冰崩和冰塌是气候变暖所致，尤其是塌陷。冰块下面最终形成一个拱门，当拱门支持不住上面的压力时，便会轰然倒塌，排山倒海，惊心动魄！"

莫雷诺冰川是以探险家弗朗西斯科·莫雷诺的名字命名，他是第一个发现这一冰山的人。

除莫雷诺冰川外，还有马尔科尼、维埃德马、莫亚诺、乌普撒拉、奥内利、斯佩嘎齐尼、阿梅格西诺等冰川，共有47条大的冰川，还有上百条小的冰川。其中，斯佩嘎齐尼冰川最长，高达135米；乌普撒拉冰川最长，达60多公里。

这些冰川都在海拔1500米左右，这在世界上是罕见的。而其他地区的冰川大都在海拔2500米以上。

那么这些冰川是如何形成的呢？是安第斯上的积雪经过数十万年的积压而形成！再顺着山势滑下，移向河流湖泊、大海。目前，这里有13条大的冰川流向大西洋，其他还存留在阿根廷湖。

阿根廷湖是这个国家的第一大湖，面积达1466平方公里，其中冰川面积占去了30%。阿根廷冰川国家公园包含了冰川、阿根廷湖及周边的群山和森林，其中有很多珍禽走兽，如安第斯秃鹰、野鸭、土卫五鸟、黑脖雀等。

从阿根廷湖观看冰山最为壮观。目前，可多条线路观看冰川。其中，一条是乘坐缆车到达冰川的上部，俯瞰那茫茫的发着蓝光的冰川世界，煞是好看；一条是乘坐游船，从湖中近距离欣赏，别有洞天，既可观看那直立的冰墙又可观赏埋进水中的冰柱。

阿根廷冰川国家公园属于阿根廷圣克鲁斯省，处在安第斯山脉南段巴塔哥尼亚山脉东侧的巴塔哥尼亚高原，其中心城市为卡拉法特市。去冰川国家公园我是从火地岛来的，这里距火地岛很近。再是从首都布宜诺斯艾利斯乘飞机，约3个多小时的航程。还可以从智利境内的巴塔哥尼亚乘汽车或出租车前往。

🔻 排山倒海（金耀波 摄）

第十章 阿根廷：地球最南端的国家

"南美洲的巴黎"布宜诺斯艾利斯

这是一座纯净、清新的城市！

湛蓝如洗的天空，明媚温柔的阳光，平静舒缓的大海，凝绿欲滴的枝叶，每一丝空气都是那么新鲜清新。这就是阿根廷的首都布宜诺斯艾利斯（Buenos Aires）。它像一块瑰丽的绿宝石，镶嵌在拉普拉塔河畔……

这又是一座热情、奔放的城市！

每当夕阳落下的时候，每当晚霞降临的时候，优美动听的探戈舞曲便在街头巷尾、酒吧、咖啡厅，拉开了夜的序幕！闻名于世的探戈就发源于此……

 国会大厦

1535年西班牙航海家门多萨驶到拉普拉塔河口，看到这里的空气这样好，天这样蓝，阳光这样明媚，便脱口而出"多好的空气啊！"。而这句话的西班牙语就是"布宜诺斯艾利斯"，意思是好清新的空气，于是这座城市的名字就这样出现了。布宜诺斯艾利斯现有1300万人口，是整个南美洲商业、文化、艺术、金融的中心，为南半球第一大都会，素有"南美洲巴黎"之称。

沿着五月大道首先来到国会大厦。这座罗马式建筑气势恢弘，富丽堂皇，

↓ 五月广场

直插云霄的尖塔，显示着它的尊严。建筑前边矗立着许多形态各异的雕塑，还有一个巨大的喷泉。国会大厦前的广场可容纳几十万人，很多市民在这里悠闲地享受着阳光。

随后来到五月广场。说是广场，其实看起来并不宽阔，因为广场里有很多高大的树木、水池、土丘、雕像，阻挡了人们的视线。广场周边依次是西班牙时期的白色总统府、大教堂、玫瑰宫，中心白色金字塔为独立纪念碑，塔顶有自由女神塑像，是1810年市民为争取独立和自由革命而建立的。

顺五月广场草坪往前走来到玫瑰宫。尽管玫瑰宫不开放，但在宫前可以照相留影。玫瑰宫是现在的总统府，国家元首在这里行使权力。总统府为什么叫玫瑰宫呢？1850年，根据时任总统多明戈·萨尔缅多的建议，将外墙涂成粉红色。据说选择粉红色是为了调和当时两大党派的纷争。一百多年来，各届政府一直沿用该色。据悉，当时在涂料中混合加入了牛血、猪油，以保证不退色。

穿行在布宜诺斯艾利斯，不断看到一排排的奥布树，这是一种著名的

⬆ 总统府即玫瑰宫

树种，是拉普拉塔河流域特有的植物，其树冠像一把巨伞，枝繁叶茂。难得的是在市中心还保留着一大片奥布树林，郁郁葱葱，遮天蔽日。丛林间隐藏着英雄雕像、马岛战争纪念碑、钟塔等纪念场所。

马岛战争纪念碑不是通常直立的石体，而是横卧的一面低矮厚重的墙体。上面刻着马尔维纳斯群岛地图，下端是死难者的名单。在纪念碑对面的塔楼上，还特意将英国人赠送给阿根廷的一座大钟镶嵌在顶部，据说其中含意深长。

⬇ 解放纪念碑

探戈诞生地博卡

博卡区是穷人聚集和居住的地方,那里有足球馆、探戈发源地和旧海港。汽车首先经过博卡区区政府黄色办公楼,楼不算高,但前边的广场很宽大。它的旁边是一个空旷的足球场,几个小孩子正在踢球。世界球星马拉多纳就是从这里踢出去的,他儿时的住所就在球场一侧。

博卡区是阿根廷国乐、世界著名探戈舞的诞生地。当我来到这个不起眼的狭窄街道卡米尼德街,真的热闹非凡。这条酒吧一条街有跳探戈舞的,有卖探戈画的,有弹探戈曲的,有售探戈衣装的。总之,"探戈"的气氛十分浓重,我们还被阵阵探戈音乐所迷恋。

⬇ 博卡区卡米尼德街是探戈舞的发源地

⬆ 大街上的探戈舞表演

　　为什么探戈发源于此？原来，四百多年前，西班牙船员是从这里进入阿根廷的。当时的卡米尼德街位于一条老河口，是布宜诺斯艾利斯第一号船坞靠岸点，也就是船舶抛锚停泊处。在断断续续登陆的年代，这里成了西班牙船员活动的中心。船员登陆后，为减轻压力，放松精神，自然离不开娱乐，跳舞成了他们娱乐放松的主要方式之一，地点就在酒馆。舞曲有西班牙奔放的斗牛曲，有意大利幽静的小夜曲，有非洲粗犷的扭动舞曲，有古巴明快的曲调，这些乐曲和舞蹈相互融汇，逐步形成米隆加舞曲，又衍生为探戈舞曲。

　　探戈为男女交臂，翩翩起舞，步伐交叉，踢腿跳跃，双抱旋转，时快时慢，舞姿潇洒，色彩浪漫，楚楚动人。天长日久，探戈成了"舞神之王"，还慢慢传向欧美。

　　酒吧一条街即卡米尼德街曾是红灯区。那时候，船员长途跋涉，到了港口就是纵情寻欢，他们通过跳探戈急切寻找女友。整整一条街，楼上楼下，全是娼女。

　　走在卡米尼德街上，两边的房子都是用船的舢板做的。窗子上还遗留着当年娼女招揽顾客的雕像，墙壁上还画着当年船员的行踪，门顶上保留着当年留客的招牌。在古老繁杂的卡米尼德街道出口，一处房屋顶部的三座雕像引人注目，雕塑的分别是马拉多纳、贝隆夫人和卡罗斯，引来不少游客拍照。马拉多纳是足球巨星，贝隆夫人是人们心目中爱戴的女人，而卡罗斯是探戈的发明人。马拉多纳成名后，经常到这里吃喝玩乐，人们对此褒贬不一。

走到旧海港穷人区，这里治安比较混乱，抢劫成风。此地公民持枪合法，故家家户户都有枪支弹药。如果你不经允许私自走进哪家宅院，宅主完全可以开枪，即使打死私闯者也不负任何责任。但在大街上开枪是违法的，不过若用枪打死人最多只判8年刑。所以，很多不法分子就敢以身试法，宁愿坐牢。

➡ 探戈舞场前的宣传画
⬇ 专供游客照像的画廊

世界最宽的七九大道

布宜诺斯艾利斯有几百条纵横的街道，其中有世界最宽的七九大道，还有有着"南美百老汇"之称的博洛里达街，街面虽窄却十分繁华。还有号称世界上最长的瓦达维亚大街，它与五月大道平行。

出火车站不远，穿过一片奥布树林，便出现一条笔直繁华的街道，那就是有名的博洛里达大街，这里的华人称之为阿根廷的"王府

↓ 大道两边皆为现代化建筑

井"。街上熙熙攘攘,人头攒动。走在大街上,有一种新奇感,不时出现各类街头艺人。有的街头艺人穿着"铁装",拿一个固定的模具讨钱;有的弹着吉他声嘶力竭地卖唱;还有的在街心跳探戈卖舞。五花八门,奇巧百怪。

从博洛里达街西行即是著名的七九大道,宽度达140米,设16条车道,中间还有街心花园。一眼望去,你会领略到大都市的风范。矗立在街中那高大的纪念碑,更加显示出首都的庄重。大街一侧是科隆剧院和探戈表演大厅,另一侧是繁华的商场。

入夜,华灯初上,纪念碑射出金色的光环。在这霓虹灯四射的异地他乡,我去观看了阿根廷的国粹探戈表演。探戈大厅可容纳200人,看客不是一排排整齐划一地坐在那里,而是一边用餐品烤肉,一边观赏节目,别有情趣。整场演出热情似火,表现出阿根廷人民追求艺术、向往未来的高尚情操。

深夜,布宜诺斯艾利斯已经入睡,而七九大道的纪念碑旁,探戈舞曲仍在飘向远方,令人流连忘返……

⬇ 七九大道上的独立纪念碑

踏访马背上的民族

清晨,天空湛蓝,阳光明媚,我乘车沿首都解放大道向西奔驰。解放大道虽比不上七九大道宽,但路边绿化给人以清新的感觉。那参天的大树、翠绿的草坪、开放的鲜花,一直陪伴而行。刹那间,右侧广阔的草地上出现了一棵巨型的"花朵雕刻",十分显眼。向导李娜介绍,这是一个香港巨商投资3000万美金,利用光照原理跟着太阳绽放的金属花朵,是献给阿根廷人民的一件礼物,意在希望、阳光、和平。

当走出市区,一条无边无际的河流出现在面前,这就是拉普拉塔河。河水混浊,浪涛翻滚,河面延伸到天边。这里是巴拉那河与乌拉圭河交汇处,也是淡水和咸水的汇合地,阿根廷的钓鱼协会俱乐部就设在伸向河中的一条长坝上。

上午10点钟,来到远离市区100多公里的一家牧场。放眼望去,这里真是一处世外桃源。牧场有桉树林、花园、草场、展室、别墅、马棚、羊圈。

管家介绍,牧场主是一名高卓人。高卓人是西班牙移民和印第安人结合的后裔,"高卓"在印第安语中为"自由的牧民"。100多年前,这名高卓人的祖辈来到这里,建造了这个古牧场。初建时,只有一间土房和两把猎枪及简单的农具。他白手起家,艰苦奋斗,慢慢壮大,牛羊发展到上千只,成了当地有名的牧场主。目前已是高卓人的后代,掌管牧场的大业。他们不仅发展牧业,还扩展旅游业,吸引成千上万的游客到这里来参观、野炊。牧场专门设置了展室,展出当年建场初期的衣物、桌椅、睡床、厨具和一些设施。

▲ 高卓人接受采访

　　听完介绍，来到展室，观看当年高卓人的发展历程。展室的服务人员说，高卓人分布在阿根廷和乌拉圭境内，他们是南美洲最后一批牛仔。高卓人传统的服饰是黑色西班牙帽、印第安披肩、宽松的灯笼裤，还有充满侠盗色彩的"法空尼刀"。当历史转到19世纪，出现了一种高卓文学，介绍高卓人当时受迫害的情况。高卓人英勇善战，马术精湛，他们生活在草原上过着自由自在的生活。展室的马刀、猎枪、羊鞭等记述着高卓人发展的艰辛历程。在展室，我还看到了留声机，说明当年高卓人喜听音乐的习俗。

　　牧马场距离展室500多米，圈养着上百匹骏马，有白色的，棕色的，黑色的，看上去惹人喜爱。我骑的是一匹白马，刚刚坐稳，马好像很通人性，立即奔跑起来，升腾起一股飞烟。夹着马身，手攥绳索，昂扬而去。望着异国的草场、树木、房舍，那是一种什么感觉呢？

　　随着远去的马群，牧场里响起了钟声。马很自然地停住脚步，转回身。这才知道，这是牧场午饭的钟声，呼唤人们开餐了。

　　向餐厅走去，先是路过一个庞大的烤肉场地，足有30米长的烤肉架一字排开，上面摆放了各式各样的生肉，正在木炭上烧烤，烤烟一直吹出几

第十章　阿根廷：地球最南端的国家 | **175**

里地远。看来，中午的美餐应该是高卓人的烤肉了。果然不出所料，走进餐厅，足有 300 号人，俨然是一个大礼堂，还设有舞台。刚刚坐稳，演出开始，是阿根廷的探戈表演，接着烤牛肉就送上来了。这是在阿根廷第四次看探戈表演了。

　　吃着烤肉，看着探戈，听着音乐，尽享人间欢乐。正在此时，李娜特意将牧场主拉过来向我介绍。这位高卓人一下子就把我吸引住了，那高高的个头，长长的头发，黄黄的胡子，特别是腰间挎着那把"法空尼刀"，威风凛凛。当他听说我来自中国，立即紧紧握住我的手，以表示欢迎。

　　演唱、舞蹈、餐饮达到高潮，旁边坐着的委内瑞拉客人得知我们是中国人，纷纷过来敬酒。

　　看探戈、吃烤肉一直进行到下午 3 点钟……

▼ 骑马游览牧场

第十一章 巴西
异彩纷呈、风情万种的国度

"狂欢之国"、"桑巴之乡"、"足球王国"、"红木之国"、"咖啡王国"、"宝石之国"……这是一个多姿多彩的国度，是南美洲最大的国家。这里拥有被称为"地球之肺"的世界最大的亚马孙热带雨林，世界上流域面积最大、流量最大的河流亚马孙河，世界名瀑伊瓜苏，世界名城里约热内卢。这里还有美景、美食和美女……

伊瓜苏大瀑布

伊瓜苏瀑布是世界三大瀑布之一，在阿根廷和巴西的交界处。1984年，被列为世界自然遗产。

离开阿根廷首都布宜诺斯艾利斯，来到阿根廷、巴西和巴拉圭三国交界处，这个地方分别坐落着阿根廷的伊瓜苏港、巴西的伊瓜苏市和巴拉圭的东方市。三市合一，共享一城，自由来往。在巴西一侧的伊瓜苏市看伊瓜苏瀑布更为壮观！

在进入伊瓜苏市的公路上，向导李孝仁介绍起巴西（Brazil）这个国家。他说，巴西是南美洲最大的国家，除智利和厄瓜多尔以外都是它的邻国，面积达854万平方公里，仅次于俄罗斯、加拿大、中国、美国，为世界第5大国，人口有1.8亿。"巴西"这个国名，来自一种可以提炼红色原料的树木名字——巴西红木。此树在16世纪是最具经济价值的植物。巴西本是土著和印第安人占领的国家，公元1500年，葡萄牙人到达巴西海岸，16世纪30年代沦为葡萄牙殖民地，直到1822年才宣告独立。为此，葡萄牙语一直是巴西的官方语言。

巴西拥有世界上面积最大的原始森林，是有名的红木之国，还是世界第一大咖啡生产国，素有"咖啡王国"的称号，资源十分丰富，经济地位居南美之首，在世界经济中居前十强。

不知不觉，已来到伊瓜苏市中心，意外发现大街上排满一个个硕大的石球。巴西人喜欢足球，当地人用石头雕刻成足球状，每个石球写上一个国家的名字，全世界一百多个国家的名字都能在石球上找到，包括中国。

这个不足 3 万人的小城,居然这样热爱足球,他们知道游客到伊瓜苏市主要看瀑布,于是向世界推介足球,也是在宣传巴西人对足球的热爱。

穿过伊瓜苏街区,直奔瀑布群。瀑布就坐落在伊瓜苏国家公园内,距离城区 28 公里。

来到公园售票口,便被五光十色不同颜料的水波所吸引,真是别有一番风趣。那绿色的、红色的、黄色的、蓝色的水纹,将门口装饰成水的缤纷世界。水的对面暗红色的墙上写着一行葡文:巴西伊瓜苏国家公园。

⬆ 顺势而下

正准备照相留念,李孝仁一把拉住我说:"你这件上衣是从阿根廷买的,上面有明显的文字,赶快换掉吧!"我有些迷惘,问为什么。"巴西人和阿根廷人互相看不上,你这上衣会惹事的!"李孝仁说。于是,我赶紧把上衣换下。李孝仁介绍说:"上升到民族矛盾的关键是足球,两国都是足球大国。另外,阿根廷人说巴西人混杂,身体开放,欠节制;而巴西人说阿根廷人大男子主义、洁癖、女人腔等。但究竟为什么谁也说不清,反正敌对态度很严重,尽管两国没有发生过战争。"

其实,面积 1700 平方公里的伊瓜苏国家公园不单瀑布好看,它周围的原始森林同样值得一观。汽车在林中穿过,那高大的树冠,长长的藤蔓,丛生的杂草,仿佛走进童话中阴森可怕的森林。公园连同伊瓜苏瀑布一起在 1986 年被列为世界自然遗产。

路边,不时出现保护野生动物的标语。据了解,森林里的动植物资源十分丰富,生长着两千多种维管植物,其中有高 40 米的巨型玫瑰红树。林中还有许多珍贵的濒临灭绝的动物和植物,如巨型水獭和巨型食蚁兽,还

⬆ 万马奔腾

有巨型蟒蛇。李孝仁讲述了蟒吃动物的情景。蟒吃动物是经常发生的事情，停车时往往能看到路边巨蟒盘卧不动的场景，这说明它刚刚吃饱。蟒的嘴能够张开很大，吞下大于它身体数倍的动物后就不能动了，只能就地消化，这一消化就是个半月。

汽车在森林中行驶半个多小时，绿树丛中突然出现一道白色雪亮的瀑布。很显然，这就是伊瓜苏瀑布了。

为什么名为"伊瓜苏"瀑布？李孝仁介绍，"伊瓜苏"在南美印第安人瓜拉尼语中是"伟大的水"的意思。瀑布的水来自伊瓜苏河，发源于巴西南部巴拉那州，全长1320公里，它的下游即伊瓜苏附近的平原地带，河道变宽，形成了一个深1米宽3公里的浩瀚水面，当流至大峡谷的绝壁时，一下子形成了魔鬼喉大瀑布。

伊瓜苏河是巴西和阿根廷的界河，所以伊瓜苏瀑布是两国共有的景点，在两国都可以看到壮观的瀑布。伊瓜苏瀑布、尼亚加拉瀑布和维多利亚瀑布并称世界三大瀑布，各有特点。伊瓜苏瀑布的特点是阵线长，瀑点多，共有270多个瀑布，形成一个半环形瀑布群，落差82米，宽度达4000多米，水流量为每秒1.27万立方米，被称为"世界上最有力量的瀑布"！

沿着伊瓜苏河深谷逆流而上，各式各样的瀑布呈现在眼前。有呈一条线的，有阶梯形的，有飞流直下的。当地土著人还为这些瀑布起了"圣·马丁瀑"、"情人瀑"、"亚当与夏娃瀑"、"魔鬼喉瀑"等各种各样的名字。一路风景一路看，简直有些眼花缭乱。从圣·马丁瀑布左行一公里多，突然出现了最为壮观的瀑布群。那排山倒海之势，那声震山河之音，那气冲云天之雾，让人惊叹而兴奋。这便是魔鬼喉瀑布。我行至河岸，疾步走上一条横跨河心的136米长栈桥，迎着水雾，急踏木板，直奔魔鬼喉瀑布近前。头淋水了，衣打湿了，相机进水了，我仍然一动不动站在水柱中感受"伊瓜苏"的味道。奔腾的河，咆哮的激流，飞溅的水花，经受着大自然的冲刷，也洗涤着心灵。

伊瓜苏不仅有瀑布，还有世界上第二大水电站伊泰普水电站和三色界碑。三色界碑位于伊瓜苏河和巴拉那河的汇合处，也是巴西、巴拉圭和阿根廷三国的交界处。岸边用石柱建成三个界碑，石碑分别漆着各自国旗颜色。

入夜，我在一个临时搭建的大厅中，欣赏三国风情舞表演。三国为巴西、阿根廷和巴拉圭，伊瓜苏处在三国交界地，当地居民凭身份证可以自由出入三国境地，文化艺术表演交流更是自由进行。

表演大厅容纳500多人，客人一边吃烧烤，一边观赏节目。演出者都是当地土著人，表演的节目也是土著人的生活和习俗。节目中，阿根廷的探戈和巴西的桑巴舞十分引人入胜。桑巴舞是巴西的民间舞蹈，源于非洲的肚皮舞，桑巴已成了巴西的代名词，跳起来时女性以扭胯动作为主，男性以脚下动作为主，还可以边击乐器边跳，在音乐中抖动身体和舞动脚步。当节目演到极兴，桑巴舞跳到高潮，观众纷纷上台，同舞桑巴。

节目一直持续到深夜11点半……

▽ 一泻千里

"南美洲的纽约"圣保罗

圣保罗,号称世界第四大城市,被誉为"南美的纽约"。

圣保罗是巴西的工业中心,有1800万人,市区人口1400万,占巴西总人口的十分之一,工业总产值占全国的一半以上。

因为是一座工业城市,所以圣保罗没有多少自然景观,各式建筑倒是繁多。如19世纪的皇宫博物馆、护法英雄纪念碑、议会大厦、开拓者雕像、巴西独立纪念碑、圣保罗大教堂、巴西美术博物馆、航空博物馆、科学博物馆、印第安民间艺术和手工艺品博物馆,其中最引人注目的是南美洲最大的教堂天主教大教堂。

接待我的王许强介绍,圣保罗是一个天主教圣徒的名字。1554年1月25日,葡萄牙人来后建立了第一个城镇,这一天正好是天主教纪念圣徒圣保罗的日子,便将这里命名为圣保罗。每到这一天圣保罗市都要放假。

▽ 独立纪念碑

在圣保罗的第一个考察点是独立纪念碑，后边是皇官博物馆，中间是欧式花园。王许强介绍，纪念碑为纪念巴西独立 100 周年而建。1822 年 9 月 7 日，正是在这里，巴西宣布独立。时光回转至 1807 年，那时葡萄牙被拿破仑攻占。于是，葡萄牙把帝国中心转移到了巴西，当时巴西和葡萄牙是平等关系，并不是殖民关系。当时葡萄牙的国王叫里约六世，1821 年，里约六世要回到葡萄牙做国王去了，他的儿子佩格罗就留在这里称王。1822 年佩格罗在这里狩猎时，听说葡萄牙政府要把巴西沦为殖民地，并要收回他的权力，于是他就在这里宣布独立，建起了巴西帝国，这便是巴西历史上第一个皇帝。

驱车到一片绿地之中参观了开拓者雕像，接着去往一处建筑形式独特的拉美艺术馆展区。这里有 M 形状的建筑，有如机翼式的建筑，有表现巴西女郎臀部的塑像，有展现男士风度的石雕，有油罐式圆形堂馆，有巨人手掌式碑柱，有耸立在水波中的展室。这些各异的建筑具有独特的艺术表现，感染力很强，其中巴西女郎臀雕具有很高的观赏价值。这个雕像有高耸的乳房，纤细的腰部，粗犷的大腿，肥大的臀部，但是没有面容，这就是艺术家的表现手法，表明巴西女人的美不在脸而在臀。这些建筑和雕塑，成为世界级建筑艺术群。

⬅ 手雕
⬇ 印第人博物馆

保利斯达大道是圣保罗最繁华的街道,号称金融商业街,享有"南美巴西华尔街"的美誉。

穿行在保利斯达大道,一座座摩天高楼,一幢幢摩天大厦,一处处空中楼阁,千奇百怪,让人眼花缭乱。圣保罗全市共有6万多条街道,鳞次栉比的高楼大厦,让圣保罗不愧为世界第四大都市。

东方区是华人聚集的地方,街上的路灯全部是红色灯笼装饰,还有用繁体字、简体字、汉语拼音写就的匾牌。这里有20万华人,开有小吃部、服装店、餐馆、杂货铺、旅店、商场,应有尽有。中国最早移民巴西是从19世纪初。葡萄牙人先从澳门选300名茶农,带着中国茶到里约郊区试种,后来葡萄牙人又从福建选一部分茶农到圣保罗试种。从1908年至1924年共673名中国人移民巴西。据说,目前往巴西移民很容易,只需花5万元美金即可办理移民。

中国移民在这里大都以做生意为主。巴西有4亿多公顷可耕土地,是中国的三倍,而巴西80%的人在城市,少部分人在农村,许多土地没有真正利用,这就给开发农业的人带来商机。有一个台湾人十年前来这里开发土地,搞订单农业,每年收入在500万美元。

圣保罗有一份华文报纸叫《南美侨报》,是南美洲最大的一家中文报纸。社址就坐落在东方区,我专门走访了《南美侨报》总编辑李建全,他曾在中国驻巴西大使馆工作过。

提到圣保罗的东方区,为什么不叫唐人街,或者叫华人区,原因是这个区不光是中国移民,还有日本和韩国移民。因为有共同的生活习惯,所以通婚的不少。但和巴西人成婚就很少,或结了婚也过不长,主要是生活习惯不尽相同。中国人一生找一个老婆,巴西人的离婚率高得惊人。

▼ 开拓者群雕

"上帝之都"里约热内卢

里约热内卢是巴西第二大城市，人们习惯称之为"里约"。里约被列为世界三大最美的海港之一是当之无愧的。这个坐落在南美巨人掌中的艺术胜地，为"非凡之都"、"狂欢节之都"、"桑巴舞故乡"，拥有世界最大的足

⇧ 海水环绕的山城

球场，世界最大的城中森林公园，世界上最大的跨海大桥，世界上最大的露天舞场，世界最大的陨石，世界最美的海滩，还有举世闻名的巴西女郎……

里约已有400多年的历史。1502年1月，葡萄牙人沿大西洋航行在这登陆，意外发现这里的风光特别美，误认为这是一条大河的入海口，便急急忙忙起了名字"一月的河"，其译音为"里约热内卢"，意为美妙、壮丽，名字一直沿用至今。里约热内卢是世界上最美的城市之一，三面被大西洋包围，一面是起伏的山峦，星罗棋布的高楼大厦坐落在高低不平的山丘上，沿海是细腻沙滩。当地人说："上帝花了6天时间创造了世界，第七天创造了里约热内卢。"为此，里约热内卢有"上帝之城"之说。这里有阶梯式大教堂、二战纪念碑、旧总统府等。市区长70公里，宽30公里，人口620万，其中有3000华人。

汽车驶向市区的路上，向导李莉指着沿途的建筑介绍："我们现在的位置是北区，这个区除国际机场和一所大学外，大多是贫民窟。中区最繁华，

第十一章 巴西：异彩纷呈、风情万种的国度

是政府、机关、领事馆所在地,还有商业街。南区是高级住宅区和一些旅游景点,有基督山、面包山、跨海大桥、足球场等。不管哪个区,都夹杂着穷人的贫民窟,有600多处,尤以北区较为集中。这些贫民窟,有的在繁华市区的山坡上,有的在摩天大楼的一侧,有的在林间山沟里。但都自成一体,是城中的山寨。"

这时,右手边山坡上出现了大片低矮的红色平房,李莉告诉我,"这是全市最集中的贫民窟,政府管不了,各党派为了竞争拉选票,都在保护穷人利益。"

紧接着李莉说起穷人的境况。如果说这里是富人的天下,一点也不过分,但这里也是穷人的天堂。穷人不用发愁吃穿,穷人区内也有足球场、学校,他们吃水用电上学都不需花钱。人们不仅有这种那种补助,有的还可以找到月薪500块巴币的工作,加上补贴月收入可达1000巴币,所以他们过得还算不错。但大多没有任何资产,所以也同时带来治安的混乱。

贫民窟里大多人持有枪支、弹药、匕首,绑架、凶杀、枪击事件连连发生。据统计,里约每年有6000人死于暴力。前两年,在基督山背面的茶林里,就有5个中国人被绑架,关押在一间土房子里达三天之久,后从房子里挖洞逃出,幸免于难。绑匪其实并不知是中国人,贫民窟里的人对中国人是友好的,认为中国没有高低贵贱之分,不受社会歧视。

里约所谓独特,贫民窟就是一道景观。它不像其他城市隐匿在偏远地带,而是堂而皇之建在富人住的半山腰上,这就是其独特之处。

▼ 俯瞰富人区

▼ 贫民窟

基督山与面包山

里约有一座名山——基督山。

汽车穿过一条条街道,一气驶向700多米高的山顶。下车一望,一尊高大的耶稣雕像屹然耸立在眼前,两臂伸展归十,神态安详,仿佛呵护着整座城市,看护着全市居民,拥抱着人间疾苦。雕像是1931年为纪念巴西独立运动专门修建的,石像由法国雕塑家在法国雕塑而成,随后用船运到里约,搬至山顶。石像高度为38米,两臂平伸长度为28米,总重量1250吨,其中仅一只手就重8吨。石像矗在山顶,其三面是悬崖绝壁,一面是坡状山体。插入云霄的雕像,在里约各个角度都能看到。而沿雕像旁,俯瞰里约的全景,可以尽收眼底。

⬆ 基督山巅

当地有句话:"登上基督山,活到一百三。"到了山顶,我又向峰端爬去。刚刚走到雕像前,突然刮起了大风。尽管大风吹乱了游客的头发,吹走了头上的帽子,一个个还是拼命地挤着照相、合影、抢拍。在与耶稣一起照相的最佳位置还排起了长龙,任凭风吹我自岿然不动。这里是拍摄里约城市全景的最好位置,人们抓住这一机会,将足球场、尼特罗伊跨海大桥、面包山、蝴蝶湖、二战纪念碑、天梯形大教堂等统统拍下来。跨海大桥十分壮观，这是连接里约和尼特罗伊市的通道，为双向 6 车道，计 14 公里长，是世界最长的跨海大桥。

如果将基督山看做精神食粮，那么面包山带来的应该是物质力量。面包山是说它的形状恰似面包。面包山的四壁光滑如冰，爬是爬不上去的，只有乘坐缆车。基督山处在里约市区中西部偏北，而面包山处在里约市区东部海边，位于瓜纳巴拉海湾的入口处。它像大西洋里顶出的一个犄角，突然立在大海边上，又像直插海底的一个圆形铁柱。

我坐上面包山的缆车。随着缆车的上移，感觉窗口如一幅动画图案呈现眼前，海滩、海水、白云、帆船、群楼，像电视画面一样变幻着。这是第一段缆车，这段是从红海滩至乌尔卡山顶。乌尔卡山顶是一个平台，山体四周是裸露的山石，而山顶却是郁郁葱葱，俨然一个空中花园。大树、绿草、红花，一派大自然赋予的绿色装束。我沿山顶转了一圈，整个城市的街道、楼房、沙滩一览无余，特别是我曾走过的内海湾即佛拉门阁海湾边的大竹头烤肉店，看得十分清楚，比在基督山顶清楚得多。沙滩上的人们、奔跑的汽车、海湾的船只、商业小亭更加接近视线。欣赏乌尔卡山顶不是目的，目标是面包山。我从山顶迂回至北侧，第二次乘缆车上行面包山。随着缆车的滑动，双眼紧紧盯住越来越近的面包山，面包山的真面目逐渐揭开。它真是一个流光的山体，山壁浑圆、光滑、陡峭，几乎呈直角。对于人类来说，爬上去的可能性可想而知。但确实有冒险家，特别是攀岩爱好者对此颇有兴趣，但带给攀登者的往往是遍体鳞伤，或成为大西洋鱼类的美餐。

▽ 面包山

↑ 从直升飞机上俯视市容

　　面包山顶到了，走下缆车，没想到满目碧绿，林木成荫，又是一个大自然赋予的山顶花园。鸟叫山更静，在这里体现得非常明显，树上许多叫不上名字的鸟，鸣个不停。我们首先在山顶公园转了一圈，享受南美洲这一特有的风光。正要打开相机拍摄城市风光时，不想白云飘来，一下子封严了面包山，顿时山下一片云海，整个城市海滩像是穿了一身轻纱，朦朦胧胧，犹抱琵琶半遮面。云雾中我看了挺拔的基督山、科帕卡巴纳海滩及近处白帆点点的博达弗，尽管朦胧，我还是拍摄了一些半透明的照片。而山顶的专业摄影师却说："影影绰绰，似显非显，披一层白纱，更迷茫。这像姑娘一样，撩开面纱，露出真容反而不好，因为失去了神秘感，太直白，这才叫真正的艺术。"

　　返回乌尔卡山顶，云彩骤然不见。此时，发现了一座直升飞机停机坪。未识面包山真面目，心血来潮，何不乘飞机一试？

　　真是太过瘾了！没想到这比坐缆车看到的风景更为迷人。随着直升机的起飞，大海、城市、远山尽收眼底。那一幢幢白色的楼群，那一艘艘白色的帆船，那一波波绿色的海浪，那一道道白色的河滩，那一丛丛翠绿的树木……一幅幅美丽的画卷刻在飞机窗口玻璃上。神秘、深邃、广阔、透明……

第十一章　巴西：异彩纷呈、风情万种的国度

月亮湾海滩

海滩，里约亮丽的景观。据不完全统计，里约共有 72 个海滩，市区有 5 处名滩。依次是佛拉门阁海滩、博达弗戈海滩、科帕卡巴纳海滩、伊巴奈玛海滩和巴哈海滩。其中最负盛名的海滩要数科帕卡巴纳，习称月亮湾，因为它形似月牙，挂在大西洋的海面，达 4 公里

⬆ 远眺形如弯月的月亮湾

之长。海滩宽上百米，旁边有上百家高级酒店和宾馆。它的相邻海滩为 3.5 公里长的伊巴奈玛海滩。这里的浪较大，是冲浪的好去处。而巴哈海滩最长最直，达 18 公里，这里海浪更大。

临近正午，我来到月亮湾。下车前，李莉再三叮嘱："不要拎提包，不要背相机，不要掉队，因为这里很乱。"

走向海滩，简直太美了，果真名不虚传，那弯月似的水域，白色柔软的沙滩，蓝色的海平面，白色的浪花恰似一幅抖动的油画，奇妙无比，魅力无穷。

月亮湾沙滩对谁都是公平的，富人可以躺，穷人可以卧，不分贵贱高低，不论男女老少，人们尽享大自然的恩赐。这里有一个故事，可以说家喻户晓。故事说，沙滩上一富商问躺在沙子上的一个穷人："这么好的天气，你怎么

不出去打鱼?"穷人说:"打鱼干什么?"富人说:"打鱼可以挣钱啊!"穷人说:"挣钱干什么?"富人说:"挣钱可以买东西啊!"穷人又问:"买了东西以后干什么?"富人说:"等你什么都有了的时候,就可以舒舒服服躺在这里晒太阳了!"穷人听了后笑着说:"我现在不是已经舒舒服服躺在这里晒太阳了吗?"从这则故事里可以看出,里约人就是这样安逸放松,享受生活。

如果你留心,会发现海滩的人行道是用白色和黑色石子铺成的。黑和白是两种对立的颜色,而在里约就允许对立的存在,允许两种极端的存在,不喜欢中庸之道,这才是里约存在的方式,更是它的特色。高楼大厦旁,可以有贫民窟,乡村野林可以有豪华建筑。富人和穷人同时躺在沙滩,还同时跳进海里游泳,都可以享受阳光、沙滩、海浪。目前,全巴西共有7000万人为贫民,而巴西20%的富人占有国内生产总值67%的财富。

里约人自由随性,而且没有任何克制,特别在沙滩。比如男女交往,自由随便。说友好,两个人就抱在一起;说亲近,两者就亲吻个不停。在月亮湾的海边,到处都可见热恋的人们。一对四十岁上下的男女,一直亲吻了近一个小时,最后躺倒在一块石头后边,超限度的亲热。巴西有一种说法,叫山美、水美、人美,还有一种说法为美食、美女、美景。在这一氛围的感染下,造就了人们的自由奔放。再加上巴西有法律规定,怀孕不许打胎,必须生下来,所以这里有很多孩子没有爸爸,许多姑娘带着孩子上学,男子们娶了离,离了娶。

月亮湾是美丽的。入夜,当月亮湾的灯光亮起,我悄悄走下楼,越过马路,站在沙滩上拍照。月亮湾的夜色和白天截然不同,那伸向大海的路灯,流光溢彩;那波涛汹涌的海浪,震耳欲聋;那高高耸起的椰子树,挺拔伟岸;那亮丽多彩的河滩,闪闪发光……

⬇ 月亮湾的沙滩柔软洁净

伊巴奈玛姑娘酒吧

在里约这个海滨城市，一提到"伊巴奈玛"，人们很快想到伊巴奈玛街区、伊巴奈玛海滩、伊马奈玛酒吧。为什么"伊巴奈玛"这个词频频出现？原来，它出自一首叫《伊巴奈玛姑娘》的歌曲，词曲创作始于20世纪60年代一个极为普通的酒吧。

神秘加上好奇，令我不得不去这个酒吧探个究竟。酒吧坐落在伊巴奈玛海滩旁边的维尼休斯·德·莫拉伊斯大街上。我站在十字街头，一眼望到了这个充满音乐元素的酒吧。浅黄色墙面的上端印着《伊巴奈玛姑娘》曲谱手稿，下端是以这首歌曲命名的用葡文写着的一行红字：Garota de Ipanema。这是一幢三层高的小楼，对于当地人来说可能习以为常，而作为外来客人不能说不稀奇，它坐落于十字街，更显得醒目耀眼。

⬆ 酒吧外墙写有歌的词曲

穿过马路，我们走进酒吧，大厅里坐满了人。抬头一望，正对门口的墙面挂着巨幅《伊巴奈玛姑娘》曲谱手稿，与餐馆外墙上挂的一样。再向左看，墙体上挂着用白布写成的《伊巴奈玛姑娘》曲谱手稿，看来这一件应该是真迹。再看其他墙面，多处都挂着这一曲谱手稿，天花板上还吊着弹奏《伊巴奈玛姑娘》的多种乐器。酒吧，成了"伊巴奈玛姑娘"的世界。

《伊巴奈玛姑娘》歌曲的来历究竟是什么？我迫不及待地找到了酒吧老板。老板很耐心，他指着挂在墙上的曲谱手稿，细细讲述40多年前歌曲诞生的一幕。

1962年夏天，也是这条大街，不过叫当初叫蒙特内格罗大街；也是在这个酒吧，不过当初叫维罗索酒吧。巴西著名曲作家汤姆·若宾和著名诗人、词作者维尼休斯·德·莫拉伊斯为创作一个音乐剧，整天泡在这个酒吧，绞尽脑汁苦思冥想，寻找灵感。期间，有一个18岁的姑娘叫艾诺伊莎，每天放学都要经过这里。艾诺伊莎体形健美，臀部丰满，金发满头，蓝色眼睛闪烁着光芒，是一个非常漂亮的标准的巴西女郎。一天，她走进这个酒吧，给她的母亲买烟，扭头羞羞答答笑着看了汤姆和维尼休斯一眼，脸上立刻泛出红晕，接着迅速离开，这羞涩的一笑，同时触动了两个男人的灵感。于是，一气呵成写就了世界级经典歌曲《伊巴奈玛姑娘》：

瞧，世间最美的臀胯

看，人世间最佳的脸庞，

啊，那个走过来的腼腆害羞的姑娘，

她的步履那样甜美而安详。

你那金色的发丝多么像早晨的朝霞！

你那动人的眼睛多么像晚上的月亮！

啊，伊巴奈玛！我心中燃烧的激情，

像是我一生中见过的最美最漂亮的姑娘。

骤然，我为什么变的这样孤独？

刹那，我为什么变的这样悲伤？

你为什么不撞进我胸怀？

你为什么悄悄离开我的眼光？

你可知道当你走过的时候，

大地变得如此美妙，

世间显得这样明媚光亮,

是因为你的吸引,

让我心儿陶醉入痴入迷入想!

听到这里,我马上联想到中国西部歌王王洛宾创作的《在那遥远的地方》,不也是对一个姑娘一见钟情灵感大发而一气写成的世界名曲吗?

老板接着说:"这首歌一炮而红,为此,这个酒吧改作伊巴奈玛姑娘酒吧,海滩更名伊巴奈玛,街区更名伊巴奈玛,而伊巴奈玛的原型艾诺伊莎姑娘却依然默默地经过这里,后来休学、嫁人,变成一个中年妇女,再后来还上过一期杂志封面,之后就无声无息了。"

最后,老板指着墙上的汤姆、维尼休斯及艾诺伊莎的照片说:"这些照片已经挂了40多年,非常珍贵,许多外国朋友只要到里约,都要到这里来品味《伊巴奈玛姑娘》,这里不仅是《伊巴奈玛姑娘》的诞生地,而且是全世界音乐爱好者的圣地,因为这首歌很有传奇色彩!"

走出酒吧,耳边响起《伊巴奈玛姑娘》的音乐,这声音,来自伊巴奈玛姑娘酒吧,飘向伊巴奈玛街区,飘往伊巴奈玛海滩……

⬇ 座席厅装饰着画像及歌曲

足球王国

巴西有"足球王国"之称,夺得过多届世界冠军,出了许多球星。里约的足球场是世界上最大的足球场,可容纳20万观众。

穿过一处遂道,前面出现一处蓝灰色建筑,那就是世界上最大的足球场——马拉卡纳足球场,"足球王国"巴西的象征。汽车开到球场入门处,只见游客在众多球星照片前留影,其中贝利、济科、罗纳尔多、罗马里奥为四大"足球王子"。那里还有许多球星的大脚印,但却没有找到小罗的脚印。李莉说:"小罗很优秀,但他没有在这个球场建过功,所以没有他的印痕。"脚印对面是一幅众多球星合成的彩色照片,人们排队与拿着踢球姿势的球星合影,当然我也留了一张。不过因我不是球迷,选了一个踢得较"臭"的球星合影,引起大家哄笑。

走进球场,真是宏壮无比,大得出人意料。其场地、座椅、通道,也

门厅前的明星球员脚印

场馆走廊贴有巨幅球员踢球场景的照片

别具一格。讲解员说起巴西足球手舞足蹈："巴西 1958 年以来已拿到 5 届世界杯冠军，其实应该拿 7 届，有两次不应该的失误丢冠，连总统都气得说话了，这球根本就不该输，球员哪还有脸回来？球员们真的没脸回来，一个个躲到国外俱乐部，只有一个回来了，当他从圣保罗下飞机后，许多巴西人在门口等着骂他。没办法，他从后门溜了。"讲解员更激动了，他说："卡洛斯，其实踢得非常好，他蹲在那里，那个球睁睁从跟前过去了，当时他正在提袜子，注意力不在球上，就这么轻而易举的输了，太可惜了！"这时李莉说："巴西足球队员压力很大，因为巴西人爱足球爱到极点，关注到极点，输一个球，巴西人都心疼，再说，你球员应不应该输，哪些该原谅，哪些不该原谅，巴西人都清楚。"

全巴西 1.8 亿人，从 8 岁小孩到 90 岁老人都懂踢球规则，人人都是教练，人人都是球员，因为他们爱足球。这时，李莉举了一个例子："让同样大小的 4 岁小孩面对同样的足球，如果是巴西小孩，他会去踢，如果是中国小孩，他会去抓，这说明巴西人对足球深入骨髓的爱，从孩童便知规则。"

在足球场，讲解员讲起球王贝利的情况，这也是我很想知道的。球王贝利成名后当了国家体育部长，他本来想让儿子埃迪尼奥也在足球上有所建树，但终没能如愿。儿子不仅没有成为一名优秀球员，反而因为贩毒遭到追杀，成了"虎父犬子"的典型。

▽ 巴西足球场宏伟壮观

桑巴舞与狂欢节

坐落在里约马尔克斯·德萨布卡伊大街的桑巴舞露天比赛舞场即Sambódromo，是巴西乃至全世界最大的露天舞场，1984年建造。舞场长600米、宽50米，三层座席，可容纳8万观众。舞场的大门是一个"M"字体样式，很有特色。据说这是市民自发建造的。从建成这一年起，狂欢节桑巴舞大赛游行每年都在这里举行。其实，狂欢节有许多场地，酒吧、餐馆、俱乐部、豪华游艇、夜总会、歌剧院、影院，不过最有看点最热闹规模最大的地方在大街上，每到狂欢节里约的大街便成了欢呼的长龙，人山人海。人

 桑巴舞表演　　→ 热情奔放的舞步

们戴着各种各样的面具，穿着五颜六色的奇装异服，扭动着五花八门的舞姿，唱、跳、吹、打，疯狂到极点。最引人注目的表演是桑巴舞，桑巴女郎上半身着比基尼，扭啊、跳啊，剧烈地甩动、晃动、颤动、跳动，狂欢中的队伍还有八旬老人，几岁孩童，在街上载歌载舞，如痴如醉，一直延续到深夜。而且，到晚上仍然狂欢，吃、喝、跳、舞，男女放纵到极致。难怪有人说，狂欢节的受孕率最高。

狂欢节也有悲剧发生，凶杀、偷劫、踩伤、死人事件时有发生。

相传狂欢节开始于19世纪中叶，每年从复活节前四天开始，持续放假一周。巴西各个地方都欢度这个节日，诸如圣保罗、玛瑙斯等城市及乡村，其规模里约最大，而且这一节日比任何一个节日如圣诞节、新年等都重要。狂欢节还有一个特点是每年都有一个美女担当桑巴女王，把狂欢节推向高潮。李莉介绍："最为有名的桑马女王为瓦莱丽亚·瓦伦萨，她是1993年世界小姐比赛巴西区的冠军，从这一年起她就是里约狂欢节的桑巴女王，一连担任10年。她的美丽令整个巴西男人垂涎三尺，竟成了除基督山、面包山、月亮湾海滩之外的第四个看点。人们追随瓦莱丽亚到了不能没有她的地步。然而2004年的狂欢节却让人们大失所望，这一年她怀孕了。这一消息传开，巴西人立刻遭到痛苦的折磨，甚至有很多人联名建议国会修改"不许女人堕胎"的法律。但法律是无情的，无奈，狂欢节组委会负责人汉斯·多纳调动数十台摄影机，将瓦莱丽亚全身扭动的动感舞姿拍下来，在里约街头的电子屏幕上播放，满足人们的欲望。"

我站在狂欢节场地，看着在这里习练桑巴舞的姑娘们，热情似火，美丽奔放。

巴西女人以臀为美，是与桑巴舞有关。桑巴舞就是扭屁股，显示臀部的硕大浑圆。为此，男士看惯了女人跳舞的臀部，认为臀越大越美。为此男人寻找异性恋人，只要臀大就是美。

巴西女人不仅以臀大为美，还以古铜色皮肤为荣。桑巴舞即是这样。走在伊巴奈玛海滩，晒太阳的多是巴西女人。如果把月亮湾比作男人滩，那么伊巴奈玛海滩就是女人的世界，因为这里曾走出了一个伊巴奈玛姑娘，伊巴奈玛海滩就成了女人的象征。在海滩，女人们都在享受阳光，享受太阳浴，把皮肤晒成古铜色。巴西是个移民国家，有黑种人、白种人、黄种人、混血人，但他们偏偏以古铜肤色为美。古铜色人种是由白人与黑人结合生出来的混血人，他们皮肤光滑，眼睛深邃，身材修长，臀部壮美，而且聪明。所以古铜肤色最受欢迎，比如跳桑巴舞要选古铜色皮肤的女人，狂欢节狂欢要找古铜色的姑娘，酒吧招待要找古铜色女郎，歌舞厅要请古铜色伴舞。古铜色是巴西女人追寻的时尚，所以她们到沙滩拼命晒太阳。

➡ 精神充沛的桑巴舞姑娘与看客合影
⬇ 尽情观看桑巴舞

第十一章 巴西：异彩纷呈、风情万种的国度 | 199

巴西烤肉

巴西烤肉世界闻名，到巴西不吃烤肉等于没有来过巴西。在圣保罗、里约等城市烤肉店到处都是，但著名的烤肉当为大竹头，就像北京烤鸭为全聚德最好。大竹头是个品牌，是整个巴西最大最好的烤肉店。

走进大竹头烤肉店，刚坐稳，身后站了一排服务员。餐桌上摆放着一张双面牌，分红面和绿面。出示绿面表示要烤肉，亮红面表示已经吃够不再需要了。餐桌上还有一个标志，上面写着牛肉部位的号数，你吃几号肉就送几号肉。开始上肉了，服务员首先端来一道香肠，巴西人称为"开胃肠"，紧跟着上烤肉，先是烤鸡心、烤鸡翅、烤火腿、烤小排骨、烤大虾、烤大蟹，我都只吃一小块，但却没有牛肉的影。

突然，一声锣鼓响起，紧接着，烤牛肉上来了。上的第一道牛肉就是牛大腿，只见服务生左手提着用铁棍穿着的一大串牛肉大腿上来，右手拿着明晃晃闪闪发光的长刀，给你狠狠切下一片。

上过牛大腿之后，接着拿来牛臀尖、牛排、牛峰、牛里脊等，一道接着一道，让你挑选着吃。李莉告诉我说："要慢着点吃，悠着点，知道最好吃的是什么部位吗？是牛峰。牛峰的肉最好吃，它是牛身上最好的部位，味道

↑ 垂涎三尺

极度鲜美！有经验的人开始不吃，就等这一刀，没经验的一开始猛吃，到后来就吃不下了,这叫巧吃。除牛峰外，其次是小牛犊肉，再是牛的后腿肉！"

吃到尽兴，烤肉店的主管特意来介绍巴西烤肉的历史和由来："巴西烤肉由来已久，最初起源于当地的土著民族，他们在树林里将炭火烧起，将猎肉架在火上烘烤。后来传到城里，在牛仔当中成为一种极受推崇的美食，最后发展为大众喜爱的特色佳肴，传遍世界。"

⬆ 最原始的烤炉

有人反问："是否巴西美食只有烤肉最著名？"

主管说："如果把巴西烤肉比作美味佳肴，那么黑豆饭则是巴西传统美食中的精髓，或者称为'国饭'了。"

说到"国饭"，我愣了，为什么不把"烤肉"当国饭呢？

主管说："烤肉是富人的饭，穷人怎么会吃得起呢？黑豆饭才是大众饭，富人也爱吃。"紧接着，他讲了黑豆饭的来历：

巴西是南美洲最后一个解除奴隶制度的国家，其农奴主当然是葡萄牙人。殖民时代的巴西人只能做葡人的奴隶，挨打受骂不说，付出全部体力为农奴主劳动，还吃不上一顿饱饭，更不用说肉了。奴隶将农奴主吃过的残渣剩饭，那些散落满桌满地的骨头、碎肉、豆饭、菜叶、香肠等收拾在一起，放在锅里乱炖细熬，直至煮成泥糊状，开始美餐。因为巴西奴隶很多，这样天长日久，人们反而习惯了这种饭。因为其中少不了巴西盛产的黑豆，所以他们叫黑豆饭。随着改进，后来又加入了猪蹄、肉皮、培根、桂皮、茴香，黑豆饭就这样流行起来。

走出大竹头烤肉店，天色已晚，这时沙滩已聚满了休闲的人群，有的遛狗，有的散步，有的游泳。最诱人的是沙滩足球，那些足球爱好者，在灯光下，追逐、奔跑……

首都巴西利亚布局像飞机

飞机抵达巴西中部的巴西利亚市上空,从空中俯瞰这座城区,像一架昂首的巨型飞机,迎着朝阳欲展翅飞翔!

这就是巴西的首都,别样的设计,独特的造型,这在全世界各国首都之中是独一无二的。为此,联合国将它定为"人类历史文化保护城";1987年联合国教科文组织将其列为世界文化遗产。

走出机场后,首先游览了这座具有时代气息的首都——巴西利亚。这座现代化都市,完全是按照飞机的造型设计的。

机头部分为总统府、议会大厦、最高法院环绕的三权广场,其中最高建筑为议会大厦,呈H形的两座28层高楼,高楼左侧的众议院像一座白色的碗,碗口朝上,意为广采众议;右侧参议院是一座碗口向下的建筑,表示采纳意见。依次相立的建筑是外交部等20多个部委,大都是十多层的大楼。东西长8公里、宽250米的主干道是飞机的机身。其两翼是沿人工湖由住宅、商业区、医院、学校、剧场等组成。这些建筑像火柴盒一样摆在机身两侧。而这些建筑采用了西班牙古城堡和欧洲巴洛克式艺术风格。机尾是电视塔和火车站及向外伸出的铁路。

随后,我跟随当地的陈小东翻译登上电视塔,机头、机翼、机尾飞机造型的城区一目了然呈现在眼前。为什么设计一个飞机造型的城市呢?为什么一定要迁都呢?陈翻译介绍了情况。

原本,巴西首都在里约热内卢,再之前设在萨尔瓦多,这两个都是海滨城市。1956年,时任总统的儒塞利诺·库比契克是个激进派人物,以"发

↑ 总统纪念馆（张中协 摄）
→ 三权广场——独立纪念雕塑（张中协 摄）
← 三权广场——世界最大国旗（张中协 摄）
→ 国会大厦（张中协 摄）

展主义"著称。他认为首都建在沿海不利于内陆的发展，特别是对亚马孙的开发。于是选址在巴西内陆的中心部位且靠近亚马孙地区的巴西利亚设都。巴西利亚海拔1158米，气候宜人，适合人类居住，更有利统帅全国经济的发展。总统儒塞利诺·库比契克决定建都后，从1957年开工，于1960年落成，前后只用去三年多的时间。在开城仪式上，库比契克总统望着新建成的首都激动地流出了热泪……

时过境迁，总统已去。为了纪念巴西这位开拓者，巴西利亚市建造了"库比契克总统纪念馆"；市区的中轴大道改名为"库比契克总统大道"。

1987年联合国世界遗产委员会评价它是城市设计史上的里程碑。城市规划家卢西奥·科斯塔和建筑师奥斯卡·尼迈尔设想了城市的一切，从居民区和行政区的布置到建筑物自身的对称，表现出城市和谐的设计思想，其中政府建筑表现出惊人的想象力。故有"世界建筑艺术博物馆"的美称！

亚马孙的璀璨明珠玛瑙斯

亚马孙河,是世界上最大的河流之一,它千回百转,浩浩荡荡,孕育了世界上最大的热带雨林,装载了世界上最大的"地球之肺",造就了地球上最神秘的"生命王国",赐予了人类赖以生存的最丰厚的宝藏,成为世界上最后一片没有开垦的处女地。亚马孙雨林与伊瓜苏瀑布、里约热内卢被称为巴西三大景点。而处在亚马孙雨林或者说"地球之肺"中的玛瑙斯,别有一番情趣。

到达玛瑙斯,动不动就是满头大汗,感到天气闷热、潮湿,喘不过气来,不得不暂时休息片刻,适应一下气候。只见路边小亭,都是冰镇可乐、啤酒、雪糕。

接待我的是一家涉外公司的经理,名为陈卫南。陈女士出生在台湾,她是随父母40年前移民到玛瑙斯的。一口标准闽南话,一听就是福建人。陈女士说:"尽管祖籍为福建,但一次也没去过,移民到此地后,回台湾只有一次,福建话是跟父母学的。"当问起这里中国人有多少时,陈女士说:"很少,全玛瑙斯总共才100多人。"陈女士接着说:"所以,中国移民结婚成了一大难题,挑选余地很小很小,因为只能在这个圈里找,找巴西人不稳定,说离就离,今天和你睡觉,明天就去找别人了,这里的人就是这么随便。而巴西人却很愿意找中国人结婚,认为中国人传统、

← 自由女神像

诚恳、踏实，还有事业心。"

汽车向驻地飞奔，从窗外看到玛瑙斯完全处在热带，椰子树、棕榈树和一些奇花异草，将城区街道装饰一新。马路旁的建筑，有高楼大厦，有低矮平房，还有古老歌剧院、教堂及葡萄牙人的住所。从房屋建筑可以看出贫富差距，有的小洋楼尽管不高，但是非常精致，有的破房小屋就盖在大厦一边，街上更有不少流浪汉，躺在路边。

陈女士介绍，玛瑙斯紧靠赤道，有"亚马孙璀璨明珠"之称，它已有300多年的历史，市区坐落在一个孤岛

↑ 独立广场上的铜雕

上，周围是热带雨林。全市人口170多万，一半以上是印第安人的后裔，其他为移民而来，因为玛瑙斯是一个偏远的城市，被巴西政府列为特区，享受保税区优厚待遇。因为有减免税政策，吸引了不少外地人来此投资建厂，目前已达400多家。为了减少或杜绝污染，规定外来企业只能组装成品，不许生产零件。中国格力空调、嘉陵摩托车、上海手机、山东汽车等都是在这里组装后出售，组装工都是招收当地人员，解决了大批劳动力就业问题。

陈女士说，这里没有冬季，四季常青；没有自然灾害，风调雨顺。但是人为灾害频繁，她说："每到周末晚上，当地人就三五成群集到一起，先是吃喝，饮酒作乐，当喝到八成，就跳舞，跳完接着喝，喝完接着跳，通宵达旦，一醉方休。等到天亮，才开车回家。因酒后驾车，撞到墙上树上，死于车祸的人很多。每到休息日，早晨看吧，大街小巷许多撞散的汽车和倒在血泊中的醉鬼，其中有不少女人，惨不忍睹。"

亚马孙河"黑黄"奇观

驻地与歌剧院很近，放下行李，我就去往亚马孙河，玛瑙斯坐落在亚马孙河畔，汽车穿过一片片密林，在一个港口停下。下车一望，亚马孙河呈现在面前，这哪里像河，简直是一片大海，一眼望不到边。那茫茫的水流，无际的水面，浩瀚的水域，如若不是裹挟着的黄色泥沙，奔腾东去的波浪，还真以为是海呢。这水域太宽太长太大了，没想到，亚马孙河有这样的气势，真不愧为"河流之王"啊！

在陈女士的带领下，我走上一艘红色的汽艇，一声长鸣，汽艇便奔向茫茫水流。劈开奔腾的浪波，迎着飞溅的浪花，搏击滚滚的浪流，啊！这就是亚马孙河！这就是梦寐已久的世界最大河！

亚马孙河发源于秘鲁的安第斯山脉，流经巴西后入大西洋，全长6480公里，上千条支流，以乌卡亚利河为源头，流域面积达705万平方公里，多在巴西境内。由于赤道多雨，水量丰富，使得亚马孙河流量高达每秒21万立方米，成为世界上流域面积最广，流量最大的河流，与6600公里的尼罗河、6300公里的长江和密西西比河并称世界四大河流。其河宽40公里，入海口达到200多公里，可以说举世无双，被誉为"海河"。亚马孙河的入海口呈喇叭形，在雨季水面更宽，河口的海潮地为世界奇观，由于海潮进入这一海口之后受到挤迫而抬升为壁立潮头，可上溯1000米高，形成自然奇观涌潮。而在一般情况下，潮头也有十米八米，当地人称海潮为"波波罗卡"，涌潮时来观看者人山人海，那直立的潮头，气势磅礴，那吼叫的涛声，震耳欲聋。

船行一个多小时，河心出现了黑水和黄水交汇的奇观，河面的北边是滚滚而下的黑色水波，河面南边是滔滔而下的黄色波浪，在河心交汇成一条弯弯曲曲的长线。奇怪的是，黑水不融于黄水，黄水不接纳黑水，两股巨大的水流井水不犯河水齐头并进自西向东流去。水面上，还漂着一些绿色的植物叶片。陈女士见我好奇，便指着这一怪现象介绍起来。亚马孙河由两大河流汇合，一条是亚马孙的主河道即主干流，发源于秘鲁的安第斯山脉的乌卡亚利河，水为黄色；另一条河叫内格罗河，发源于哥伦比亚西部，河宽20公里，水为黑色也叫黑河。两条河流汇合于玛瑙斯附近，形成了"黑黄"交汇线。为什么两水不能混合呢？有三种原因。其一是比重不一样，黑水河的酸度高，PH值大；其二是温度不同，亚马孙河从安第斯山的雪水中流下，温度低，而黑水河从赤道流来，温度高得多；其三流速差距，亚马孙主流从高山上一泻而下，每小时流速达8公里，而黑河只有每小时2公里。这三种情况造成黑黄分明的奇观，而且一直绵延数十公里后方融为一体。

为了弄清黑色水是怎么回事？我用手捧起一把水，细观之下一点都不浑浊，很清澈。那为什么呈黑色？陈女士说，上游两岸矿物质是黑色的，再加上亚马孙雨林的树叶腐烂变黑。"亚马孙河的奇观太多了，三天也讲不完。"说着她用手指向黑河，"前方有一个雅乌国家自然保护区，雅乌的'乌'就是黑水河的'黑'字。这个'黑'可是黑水河流域的一大亮点。"接着她讲解了雅乌自然保护区国家公园的一些情况。保护区占地2.2万平方公里，是地球上物种最丰富的地区之一，那里有举世公认的黑水河生态链，生长着无数世界上稀有的动植物，还有卡拉宾那尼瀑布、黑河沙滩、黑河天然艺术雕刻。2000年已被列入世界自然遗产。设国家保护区，旨在使黑河流域的生态环境不遭破坏。

▼ 亚马孙河黑黄水之分

走向印第安人部落

绕过黑水河入口,轮船拐进亚马孙河一个不大的支流,河床宽度大致有20多米。河水依旧是黄色的,不过水面一下子平静下来,波浪舒缓下来。

撞进眼帘的是岸边的水上人家,别具特色。水上人家并非是在水边建的砖房,而是悬空的木头房屋。房屋并非石砖结构,而是原木,不是扎在水里,而是漂在水面。并排一组原木捆成一个类似木筏的平台,像船底一样半泡在水中,据说这种木筏泡在水中40年不烂,然后在木筏上建造木屋。木屋一般只有一间,一头是厨房、厕所和鸡窝,房侧有一个平台,上面摆放着花草,晾晒衣服。还有一条两米长的踏板,一头连着河岸,一头接着木屋。说白了,木屋是一条船,随着水平面的升降而上下漂浮移动。

每每经过一处水上人家,木屋里的人们总是挥手欢迎,有的从小小窗口中探出头来致意,有的抱着狗张望,还有的站在门口手舞足蹈。透过窗口和木门,可以看到屋内十分简陋,没有床,只有一张张吊网,没有桌子,

▼ 水上人家

只是一个小小的木台,家家户户睡吊网实在有些稀奇,后听介绍,才知道是为了防止蛇咬和鳄鱼才不睡木床,因为这里的蛇和鳄鱼很多,每到晚上开始行动,屋内往往爬满毒蛇和鳄鱼,寻找食物。

又航行了一大段水域,前边出现一个印第安人部落,有十多间水上房屋集中在一起,俨然一个水上村庄。陈女士介绍,这是印第安人落德西一家,女主人从15岁开始生孩子,一直生到47岁,共有27个孩子。现在孩子、孩子的孩子等等加起来共有97个,已有好几代人。落德西夫妇对全家99人的习气了如指掌,他们生活得悠闲自在,快乐无比。

下船走向这个水上部落,登上木屋后一群孩子拥了上来,有的抱着鳄鱼,有的揣着水獭,有的攥着长蛇,有的背着猴子,还有抱着树懒和獾熊,让你拍照,尽显印第安人的英勇果敢。我怎敢接近这些动物?吓得望而却步,毛骨悚然,而他们却大胆地摆弄着蛇头,搬动着鳄

➡ 瞧这一家子
⬇ 手托鳄鱼的小姑娘深情地望着不速之客

第十一章　巴西:异彩纷呈、风情万种的国度

鱼，与水獭戏闹。我进去屋里参观，吊床、木柜、铁锅、渔网、大刀、猎枪，一应俱全。墙上还挂着手工艺品：木刀、食人鱼、草贴画，还有木质生殖器，向外来客人展示他们的生活习俗。这里好像是近亲结婚，个个长的差不多，但都很健壮。落德西夫人很是丰腴，衣着裸露得让人难以接受，她躺在一个木椅上，旁边守候着许多孩子，有的戏闹，有的吃野果，还有一个少女躺在木板上吸烟。看上去，家庭很和美。他们有自己的语言，但也懂葡萄牙语，当他们得知我来自中国，一个个凑过来表示亲近。那个热情奔放，把你抱住使劲地亲。正不知所措时，陈女士解围说："印第安人认为自己的血统来自中国，祖先是华人。细看吧，眼前的印第安人像不像中国人？黄皮肤，亮眼睛，矮个子？"说罢，我留意一看，还真像中国人。

还有一部分土著部落生活在大森林深处，距这里至少有300公里远。联合国为了保护这片净土，不允许任何人任何机构进去考察，不破坏这块没开垦的处女地，让土著部落处于原始状态。这些部落的土著人不穿衣服，没有房屋，以打猎采果为生，如有病痛，他们有一套用植物救助的方法，有了敌人也有防护的一套战术。

2000年，一架直升飞机误入丛林，土著人见状乱箭齐发，飞行员调头离开，还实拍了照片。后来，国家不许直升机和一切交通工具进驻。其实根本没有通向丛林深处的道路，那全是原始森林，想进去考察，几乎是不可能的。不用说其他动物，光是毒蛇就让你寸步难行，何况还有毒鸟、毒虫、毒性植物。

深入"地球之肺"亚马孙热带雨林

亚马孙雨林神秘莫测。出印第安人部落有一条通向热带雨林的吊桥,伸向森林5公里。在落德西的带领下,我走上吊桥,桥晃晃悠悠,很不稳当。吊桥实际上是在森林中搭建的不规则的空中走廊。它是将林中直立的树木,用木板横向连接起来作为踏板,两边再用木板钉上扶手。人在上边走既安全又可靠,不会被动物伤害。

沿着吊桥,越走越深远,越走越阴森可怕。向上看,树冠插入空中,遮天蔽日,严严实实;向前看,吊桥像一条长龙,弯弯曲曲,穿过密密麻麻的树身,伸向丛林深处;向下看,腐烂的树叶一层盖着一层,倒下的朽木长满苔藓。侧耳细听,叽叽喳喳的鸟叫此起彼落,潺潺的流水发出清脆的声响。

↑ 走入热带雨林

亚马孙热带雨林是由亚马孙河的上千条支流孕育而成。它是世界上最大的热带雨林,被誉为"地球之肺",总面积达800万平方公里,其中560万平方公里在巴西境内。如果将亚马孙河称作"黄色地狱",那么亚马孙雨林就是"绿色地狱"了。有人说,世界上有两处最神秘的地方,一处在深海底,一处为亚马孙雨林。说它神秘,是它的地形,从高原峡谷到低矮平原,从纵横的溪流到交织的河床,从飞泻的瀑布到静静的池水,从参天的大树到缠绕的藤萝，从茂密的竹草到盛开的花朵，交织成一座座绿色的迷宫。说它神秘，因它是"生命的王国"，孕育了世界上最丰富的生命体系和形态，在地球上任何地方都无法找到种类如此丰富的动植物。就拿植物来说，仅亚马孙河流域就有5万多种，迄今只有半数被科学鉴定。站在树林中，很难找到同一种树木或树种。它是动物的世界，这里有美洲豹、美洲虎、鳄鱼、野猪、卷尾猴、食人鱼、眼镜蛇等等；它是鸟类的乐园，这里的巨嘴鸟、音乐鸟、鹦鹉、蜂鸟等色彩斑斓，充满情趣。说它神秘，因丛林中居住的土著人，与外界隔绝，过着古老原始的生活，至今没有揭开这一神秘的面纱。整个亚马孙雨林至今有98％的地方人迹罕至，没有开发。

此时，我发现吊桥一边的树上挂着很多水桶大小的黑包，原来这叫含蚁包，树林中挂的到处都是。落德西说："小小的蚂蚁可以吃死人，这一点也不假，所以说'蚁多咬死象'不足为怪。"

两公里路后，我从吊桥一侧的悬梯上走下，去林中实地感受热带雨林。我想象中的林地是干的，哪知一走却发现地如稀泥一样，故而只有踩在树叶上行走。落德西在前边引路，还拿了木棍一边走一边拍打，他说这叫打草惊蛇，否则踩到毒蛇是必死无疑。走在丛林，阴暗潮湿，没有光亮，树干伸向天空足有20多层楼高，树围四五个人合抱不住，树根四通八达密密麻麻，树叶腐烂发出一股酸味，树枝横七竖八交织成网，林间小鸟飞来跳去自由穿行，飞虫和蝴蝶扑衣撞脸一抓一把……

这时，落德西让我挥舞树枝驱赶蚊虫，他说飞虫也有很多有毒："龙眼鸡是一种黑色的蝗虫，嘴上有一根锋利的毒针，就像蝎子一样，内有毒液。"

沿吊桥又走出3公里，前面出现一池湖水，水平面一丝波纹也没有，恰如一面镜子，蓝天、白云和树木的倒影全照在里面。望向湖中，水连着树，树连着水，水树一体。池子里还有很多野生荷叶，这种荷叶是亚马孙特有的睡莲，叶大如伞，即使在叶上站一个人，也不会掉下去，这是世界上最大的荷叶。落德西说："湖面看似平静，其实夜晚一点也不平静。每当夜幕降临，鳄鱼集体行动，下到河里去寻食。鳄鱼的眼睛白天是看不到东西的，所以白天它养精蓄锐，专等晚上出动。其实晚上活动的不只是鳄鱼，

⬆ 热带雨林中的巨大荷叶

⬆ 掀开直径一米多的睡莲

还有许多动物，比如毒蛇、野猪、熊、狼，还有很多虫子。可以说，晚上才是动物的乐园呢。你可以听到狼嚎、猪吼、鸟叫、虫鸣，那才叫大合唱呢。但是，可怕啊！晚上谁也不敢在林子中走，那会丧命的。

走到吊桥尽头，我们又搭乘一只小木船，沿一条5米宽的小河道，向丛林深处进发。

小木船宽不过两米，长不到两丈，伸到河心的树枝擦头掠过，有的树根伸到河的对面，只能弯腰侧身。船公一再叮嘱，一定要小心，否则掉进水里会让食人鱼饱餐。食人鱼真的能吃死人吗？船公说："如果你从船上掉进水里，马上会引来食人鱼，不出半小时，你就会只剩骨骸！"

小船轻轻摆动，船头荡起淡淡涟漪，河面上时而蹿出一条小蛇，时而掠过一群小鸟，时而游过一群野鸭。河的两岸，一会儿森林密布，一会儿水草连片，一会儿敞开一小片赤裸的空地，当然，大部分是茂密的森林。

小船漂流了20多公里，小河变成了小溪，船体突然搁浅，船公说，不能再前

⬆ 手拿长蛇从丛林出来的土著人

第十一章 巴西：异彩纷呈、风情万种的国度

进了，这里是真正的无人区。此时才发现，周围静得要死，只有声声鸟鸣不时划破静谧的山林。这里，是典型的亚热带雨林。从此处看雨林植被层次分明，紧贴水面的植物是草木和蕨类，还有浮萍，向里看是灌木丛，再往里是高大的乔木，乔木喜欢阴湿，有的长年泡在水中不死。从这里看亚马孙雨林，真有些阴森恐怖。向森林深处张望，一棵棵树身都是黑色的，间或有一棵白色的树干。岸边横七竖八的树枝、藤蔓、树根筑起一道铜墙铁壁，人要想过去，恐怕是不可能的。船公指向岸边的一棵树，那是他迄今看到的最高的一棵，达90米多，相当于30多层楼房。河岸因水土流失被冲刷得千沟万壑，一种干渴的巨型野生荷叶，已经变得焦黄、枯萎。水中的野草已经露出根底，脱节烤干，更有一些树木已经干裂枯死。船员这时将一叶睡莲翻起，它已枯黄腐烂。拯救环境，保护亚马孙河已迫在眉睫。它关乎全球的氧气，关乎我们的呼吸。据统计，亚马孙热带雨林所产生的氧气占全球氧气的25%。而全球20%的淡水也储存在亚马孙雨林中。

　　船公费了九牛二虎之力，将搁浅的船体调转过来，开始返航。

　　亚马孙河西沉的太阳是壮美的，它那千丝万缕的线条，披洒在世界上最大的热带雨林树梢上，交织成万顷壮丽的光环；亚马孙河的晚霞是绚丽的，它那五光十色的云朵，映衬点染在浩浩荡荡的河面上，铺展出一幅绝美的画卷。

　　亚马孙河，奔腾吧！上苍赋予您人类之希望……

　　亚马孙雨林，升腾吧！大自然赐予您生命之光……

▼ 划向纵深热带雨林之中的水上木屋　　　▼ 树上人家

第十二章 法属圭亚那
现代与原始的融合

　　茫茫的原始森林，莽莽的热带雨林。这里几乎完全被亚马孙森林所覆盖。原始，偏远，封闭，几乎与世隔绝。丛林中至今还居住着游牧的印第安民族的布什南格人，延续着古老的刀耕火种的生活方式。这里是一个神秘莫测的世界，是一处尚未开发的处女地。然而，就是在这片土著人的原始领地上，矗起一座火箭卫星发射航天基地。
　　这一高精尖科技产物，与周围原始的生态环境形成极为强烈的反差！

丛林中的小镇卡宴

汽车在丛林中行驶,向着法属圭亚那(French Guiana)首府卡宴(Cayenne)小镇前行。

陪同踏访的是当地外事部门的玛女士,她利用行车的空闲,介绍了法属圭亚那的情况:"法属圭亚那位于南美洲东北部赤道附近,是南美洲最富饶的一角,面积86504平方公里,人口22万。这一地区最早在1498年被哥伦布发现,1604年法国人入侵,后英、荷、葡、法相互争夺,直到1676年成为法属领地。法属圭亚那为世界上森林覆盖率最高的地区,被誉为生态旅游的天堂。这一地区最引人注目的是法国犯人流放之地魔鬼岛和库鲁的航天发射基地。"

汽车进入卡宴。玛女士把话题一转,说起卡宴的情况,她说:"卡宴始建于1643年,目前已发展到6.5万人。"

这时,汽车正穿越曼得拉大街,两边上百年树龄的行道树,显示出城区的古老。行至大街尽头,茫茫大西洋突然出现在视野中。海岸边,我看到堆在一起放大了的手铐铁链,原来这是奴隶解放纪念碑。

▼ 奴隶解放纪念碑

玛女士说："这一地区过去曾从非洲贩卖了成千上万的黑人做奴隶，2001年，卡宴为了纪念黑奴解放特意在此设立了手铐铁链纪念碑。"

古老的卡宴城街道两旁多是殖民地时期的老建筑，铁阳台、百叶窗很有特色，尤其是百叶窗，有粉、黄、绿等，色彩缤纷，充满着多元化的气息。在古街区，我参观了一座1645年建造的木房，那300多年前的百叶窗完好无损，粉黄色的窗帘飘舞，给古老房屋增添了勃勃生机。

⬆ 卡宴最古老的房屋

走进古喷泉广场，历史印记再次呈现。喷泉从数十个汉白玉狮子嘴中喷出缓缓水流，哗哗作响，周边众多的古树默默倾听着潺潺流水。玛女士说："这个上百年的喷泉，随着水流述说着卡宴的悠久历史，讲述着卡宴的苦辣酸甜……"喷泉不远处，坐落着政府办公大楼、议会大厦、市政厅等特色建筑。

与喷泉广场相连的是棕榈广场。顾名思义，广场种植着耸立云天的棕榈树。中心立有费利克斯·埃布埃纪念碑，他是一位黑人领袖，卡宴国际机场也是用他的名字命名的。玛女士介绍："他是首个法属殖民地黑人总督，是一位杰出的黑人领袖。"

在棕榈广场，还有一座玛丽安娜雕像，又称法国革命纪念碑。雕像矗立在一根圆形立柱的上端。玛女士介绍说："玛丽安娜是法国国家的象征，

⬇ 棕榈广场中的黑人领袖纪念碑

她代表了作为一个政治意义上的国家以及她的价值观念。她的形象被雕刻成一座铜像,矗立在法国巴黎的民族广场上,以象征共和的胜利。"

棕榈广场南边是卡宴最长、最宽、最有名的戴高乐大道,最繁华地段是华人开办的东方百货商场,看上去非常宽敞,人流从商场中进进出出,人气颇旺。玛女士说:"第一批华人是从1898年移民而来,目前卡宴共有上万华人,比这里的法国人还多,市内仅中餐馆、商铺就有400多家。这里有唐人街、华人学校、华侨公所等华人场所。"

在玛女士陪同下,我专门造访了唐人街和华侨公所。在唐人街,可见华人商店一家挨一家,中餐馆一个连一个,生意相当火爆。在华侨公所,这里的中华气息更浓:中国式建筑、中国式设施、中国式摆设……好像就站立在祖国的房舍前,有回家的感觉!

卡宴,这个宁静的小镇,让人留恋!

卡宴,这座古老的小城,令人难忘!

▼ 卡宴最繁华的戴高乐大道

航行"魔鬼岛"

清晨，天空乌云遍布，海上波涛万顷。

早7点，乘汽车离开卡宴，一路朝西，奔向法属圭亚那第三大城市库鲁，拟从那里乘船前往"魔鬼岛"。"魔鬼岛"是昔日法国关押犯人的地方。因为犯人像魔鬼一样都消失了，只留下了幽灵，阴森可怕，为此当地人起名"魔鬼岛"，其实，真正的名字叫萨吕群岛。

经过一个多小时的车程，到达库鲁市。据玛女士介绍："库鲁原来是一个渔村，没有几家住户。'魔鬼岛'就在库鲁的正北方，直线距离

↑ 遥望恶魔岛

15公里。自从法国把犯人流放到'魔鬼岛'后，库鲁作为去'魔鬼岛'的最近海域和唯一港口慢慢发展起来。目前库鲁已发展到3万人。"

风，突然刮起，而且越来越大。

浪，骤然掀开，而且越来越高。

经过劈波斩浪，艰难行驶，船终于靠岸"魔鬼岛"。

登岛后，我找到这座海岛的示意图。上面标识的是萨吕群岛（Salut），

其中包含皇家岛（Royale）、恶魔岛（Du Diable）和圣约瑟夫岛（St Joseph）三个岛。我眼下所登的岛是三岛之一的皇家岛。

穿过一片丛林，沿着石阶爬至半山坡上的一堆废墟，走进由过去监狱改装成的博物馆，看到很多昔日犯人用过的手铐、脚链、刑服等，还有很多照片。讲解员细细述说了那一段不光荣的历史印迹……

17世纪初，法国人开始入侵圭亚那，拿破仑三世于1852年将犯人流放到这里，服刑之地选择了萨吕群岛。因为三个岛屿远离大陆，不易逃离。萨吕群岛成为流放犯人之地，加强了法国对圭亚那的殖民地统治。自此，法国成千上万的犯人被运至萨吕群岛，犯人一直增加到8万多人。为了增加犯人的数量，当时在法国甚至偷两个苹果就被视为罪犯而流放到这里。冤判、误判、重判的犯人就更多了。其中法国著名的军官阿尔费雷德·德莱弗斯就被冤判叛国罪而被关押在三岛之中的恶魔岛。萨吕群岛属热带雨林，潮湿、温热，蚊虫俱多，疟疾、黄热病等传染病蔓延。因疾病夺去很多犯人的生命。犯人在这里失去自由，上重刑，受煎熬，稍不守规便被活活杀死，投入大海。萨吕群岛成了不流血的断头台，到1939年，活着的囚犯只剩下3000人，为此才有了"魔鬼岛"的称谓。期间，有的犯人为逃脱这恶劣的环境，经常越狱，但失败者多，成功者少。罪犯昂利·莎星叶就是其中一例。莎星叶曾经9次越狱，最后一次偷偷钻进装满椰子壳的袋子里，滚到海里，随波逐流，漂到岸边，成功逃生了！当他登陆后，又冒着生命危险穿越原始丛林，与野兽拼打，与疾病搏斗，最后到达委内瑞拉境地。莎星叶的越狱传奇被拍成电影《巴比龙》，上演后萨吕群岛这个流放犯人之地亮相于世界，"魔鬼岛"由此而闻名……

出博物馆继续向山顶攀爬，过瞭望楼、监狱管理处旧址、池塘、昔日看守所宅院，来到监狱遗址。

高墙小屋，铁门钢窗；一排排，一行行。这就是昔日关押囚犯的监狱！潮湿、黑暗、阴森、恐怖。一百多年前，犯人就是住在这样狭窄、矮小简陋的房子里，遭受迫害，饱尝折磨。陪同的讲解员说："上万名犯人90%死于疟疾和黄热病，一部分上了断头台。任凭宰杀，扔进大海，魂断鬼场。"

↑ 踏着监狱遗址前行

通往断头台的草地上，站满了在校学生和年轻人，他们在这里接受教育，以史为鉴，不忘过去。断头台遗址不复存在，只剩下几块石头。在现场，讲解员演示了犯人上断头台的情景。太恐怖了！不少人掩目而去，不愿再刺痛心灵。据悉，上断头台的犯人，很多是冤假错案。刑前，让其饱餐一顿，砍头后，被装在袋子里投进大西洋。

走在岛上，思绪万千。透过铁窗，仿佛看到了犯人愁铸的面容！穿过刑场，仿佛听到了犯人的惨叫声！望向断头台，仿佛看到了血淋淋的遗体……

距监狱不远处，建有高大的灯塔、儿童墓地和教堂。解说员讲："灯塔已有160多年的历史；儿童墓地中埋葬着女犯人身下死去的孩子；教堂是看守人员及刽子手赎罪祈祷之地。"

↓ 监狱及断头台遗址

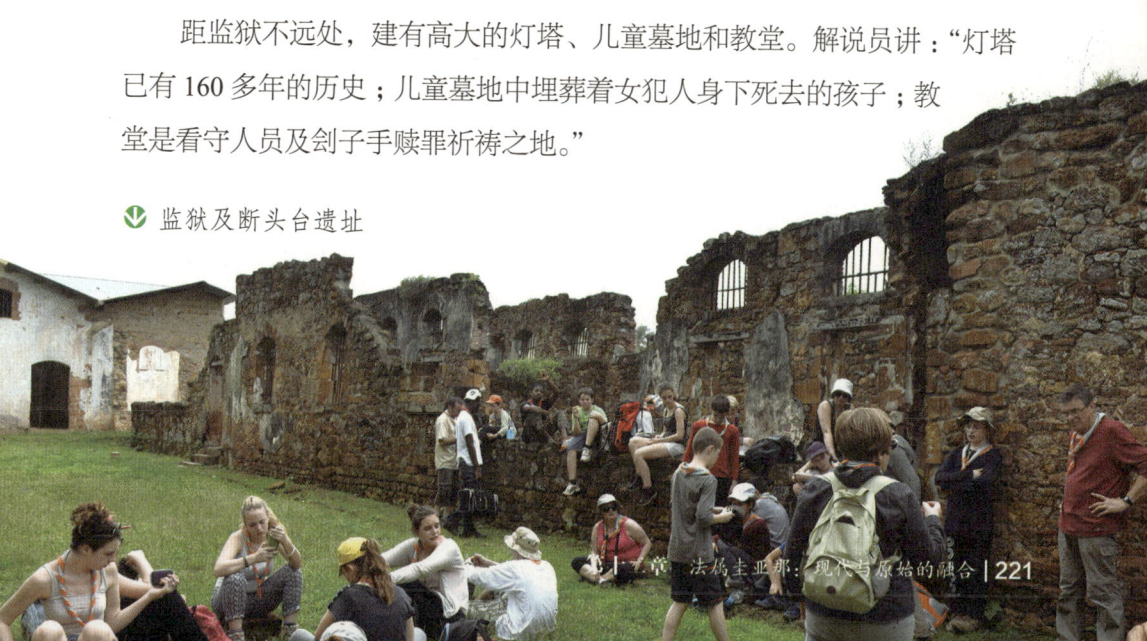

↓ 瞭望塔

  在萨吕群岛，最抢眼的是恶魔岛，著名的法国军官阿尔弗雷德·德莱弗斯少校当年就单独监禁在此地。站在皇家岛制高点，恶魔岛一览无余。恶魔岛，因德莱弗斯而出名。面对着恶魔岛德莱弗斯的住屋，听讲解员介绍。

  阿尔弗雷德·德莱弗斯出生在法国一个小镇，父亲是犹太人。德莱弗斯大学毕业，参军后一路升迁到少校军官。1894年9月，法国情报部门在德国驻巴黎大使馆的废纸中发现一封没有署名的信件，这是寄给法国在德国边境部队中的军事机密信件。这封信交到法国陆军总参谋部情报局反间谍处，认定德莱弗斯就是泄密人。于是，德莱弗斯以间谍罪和叛国罪被逮捕。其实，德莱弗斯与间谍活动毫不相干，作为一个犹太人他被选作替罪羊。当这一事件被公布后，引起世界范围的反犹太人活动浪潮，而且一发而不可收。次年即1895年4月，德莱弗斯被运往恶魔岛单独监禁起来。

  说到这里，讲解员介绍："德莱弗斯是一个政治犯，在此单独监禁并没有受到什么折磨，比起其他犯人条件好多了，只是限制了自由，但看管比较严，有一个小队的人员专门看守，不能出现任何意外。他的案子在法国历史上乃至世界都有名，是著名的冤案，一直监禁到1906年7月12日才获平反。德莱弗斯在恶魔岛熬过了12个年头。"

  返程中，脑海中一直在翻卷：这就是历史，历史，不忍细看……

  萨吕群岛，杀人不见血之地！

  "魔鬼岛"，昔日幽灵出没的地方！

库鲁航天基地

走在圭亚那库鲁城区，可见街心广场竖起火箭、卫星、发射架之类的航天物体雕刻，展示宇航员塑像，矗立星球的标识，让人走进宇宙天体的世界……

这里，就是圭亚那航天基地。

为什么法国将航天基地建在库鲁呢？陪同踏访的玛女士介绍："这里距离赤道不到 5 度，因纬度低，距赤道近，从发射点到入轨点的航程大大缩小，减少近 2% 的能耗，还能增加同步轨道的有效载荷。再有这里人口稀少，靠近大西洋，有助于观察发射情况。为此，1966 年法国在库鲁地区开建航天基地，1971 年建成。因为地理位置的优势，目前全球 70% 的商业卫星在此发射，可以说独揽了全球大半卫星发射市场。"

航天基地的出现，给库鲁插上了腾飞的翅膀。很多基地的配套设施建在城区，还有上千名基地的科技人员提升了库鲁的消费水平。目前，库鲁的城区建设、居民收入、经济增长不比法国平均水平差，成了人们向往之地。为此，邻国巴西的劳务输入首选库鲁。"巴西很多年轻姑娘纷纷到库鲁做工，而且多选到航天基地职工家中做劳务，拆散了许多家庭。为此，库鲁成立了专门机构，出台种种制度，限制巴西少女进城。"玛女士说。

出库鲁城区 10 分钟车程来到航天基地，迎面是一座高耸入云的巨大的火箭模型，旁边是航天基地博物馆。当步入博物馆，仿佛走进宇宙。那浩瀚天体中的火箭、卫星、星球，一一在眼前闪过。在大厅中，圭亚那航天基地的全貌和所发射的火箭及卫星实体剖面，让人对这里有了更深入的了解,博物馆还展出了中国航天城的一些物品,特别是中国航天员的风姿,令众多参观者驻足观看。

我乘专车向着发射场行驶,两边是原始森林。行车中,讲解员介绍了发射场的情况。这位俊俏的法国姑娘,满脸笑容,她说:"圭亚那航天基地和中国的西昌、酒泉一样,都被列在世界十大航天基地之中,所以我们法国人和中国人都一样,应该为之骄傲和荣幸!"这位法国姑娘继续说:"中国航天城在茫茫大漠中,法国航天城在苍苍森林中,都是没有人烟之地,减少了对人类的污染。"

航天基地门口

讲解员介绍,圭亚那航天基地发射场长60公里,宽20公里,占地面积1000多平方公里。目前发射场地有阿里安第一、阿里安第二、阿里安第三发射场及俄罗斯圭亚那"联合"发射场。这些发射场主要用于科学卫星、应用卫星和控空火箭发射以及与此相关的一些运载火箭的试验和发射。

转眼,专车开到发射场大门口。这里戒备甚严,围墙是一圈圈铁丝网,一层又一层。

发射场地太大了!汽车在漫无边际的丛林中驰骋,那高塔、铁架、电杆、铁轨、圆筒、厂房等,散落在原始森林中。讲解员指着窗外的设施一一介绍:那是水灌,那是电站,那是消防站,那是运载场,那是组装库……看得眼花缭乱。

穿过一道道关卡,越过一层层电网,汽车突然一拐,顺着一条笔直的火箭运载轨道,开到一个巨大的发射塔前。

这就是火箭发射场!发射塔高得难以想象,点火系统复杂得无法识别,火箭支架神奥得看不出门道。人,站在发射塔下,显得太渺小了!不禁让人

⬆ 联盟发射塔及点火系统　　　　⬆ 三号发射场

想到当代科学技术是如此的发达。从这里，火箭可以升空到地球以外；从此地，卫星可以到达太空翱翔；从脚下，载人航船可以飞往宇宙去旅行……

面对这个陌生的发射场地，讲解员介绍了有关情况。这个发射场为俄罗斯圭亚那"联盟"发射场。"联盟"发射场始于2003年，由俄罗斯和法国共同开建。经过5年的建造，基础设施完成，2008年俄罗斯专家开始了发射台设备和火箭设备的安装。这一发射场不仅仅用于发射航天器，还用于发射载人太空装置，执行载人探索任务。

汽车又消失在密林中。经过半个多小时行程，汽车驶出森林，眼前出现硕大的一片空地，一座像淡黄色的火柴盒状的巨型发射塔矗立在平地上，四周围着4个比发射塔还高的钢架直插青云。这里就是阿里安第三发射场，发射塔周围的4个高铁架为避雷针，不远处还设有一个高高的水塔。据介绍，三号发射场的设施要先进于一、二号，前些日子三号发射场刚刚发射一颗探索卫星。

圭亚那发射场地还设有火箭发射指挥中心。走进去看到繁杂的装置系

⬆ 发射控制中心

统，有电脑、屏幕、指挥台、操作按钮、报警灯，特别是火箭发射倒计时显示器，令人心跳，让人揪心！透过指挥中心的大屏幕，透过一行行按钮以及一排排电脑，好似一枚火箭就要发射！好像一颗卫星正要升空！心想：只要倒计时最后一个数字出现，世人的眼光就会瞬间倾注于圭亚那！

圭亚那，因火箭发射为世人所知！

库鲁，因航天基地而闻名天下！

第十三章 苏里南
世界人种之最

　　苏里南是南美洲最小的国家，又是南美最多民族的国家，聚集着世界上各色皮肤的人群，为此有"小联合国"之称。它不仅有"人种世界之最"，还有森林覆盖率世界之最！这个小小的国家，拥有帕拉马里博古城、苏里南中心自然保护区两处世界自然、文化遗产。值得一提的是，苏里南这个被热带雨林覆盖的国土，还深印着千千万万华人的足迹……

"小联合国"苏里南

乘汽车一路西行，我从法属圭亚那的库鲁启程去往苏里南（Suriname）首都帕拉马里博（Paramaribo）。2002年，帕拉马里博被列为世界文化遗产。

一边是大西洋碧海波涛，一边是茂密的热带雨林。

经过3个多小时车程，我到达法属圭亚那的边境城市圣洛朗。

在圣洛朗边境办理出境手续后乘木船横穿马罗尼河。马罗尼河很宽，土黄色的泥水翻滚着流向大西洋。站在渡口，望着滔滔奔流的河水，我心里颇有些担心，这条又窄又长的木船安

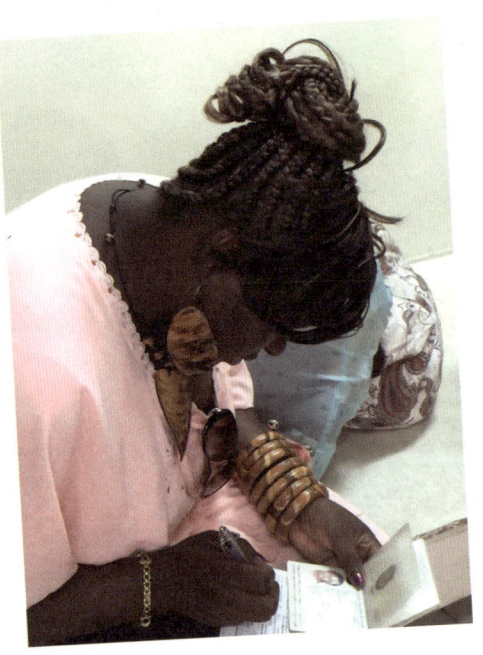

⬆ 黑人首饰

全吗？无奈，我把行里放在船头，忐忑地坐进船舱。木船，摇曳着划呀划，开始我出了一身冷汗，后来渐渐镇定下来。

到达苏里南一侧的阿尔比纳市边境处，排队的多是黑人，从服饰穿戴可以看出这里贫富差距异常大。一位填表的黑人妇女，衣着华丽，其手指、手腕、脚腕、耳洞均戴有昂贵的饰品，金光闪闪，而旁边衣不遮体的黑人看起来让人心酸。

通往苏里南首都帕拉马里博的路程需要3个多小时，陪同踏访的是当

地一位黑人男士，名叫瑞都，毕业于北京第二外国语学院。行车中，他讲起了苏里南的概况。

苏里南是南美洲最小的国家，面积仅163820平方公里，人口52万。国虽小，却是人均森林面积世界之最，世界人种之最。早在公元前3000年这里就有人类踪迹，1593年沦为西班牙属地。1602年起，荷兰人和英国人陆续定居。1667年又成为荷兰殖民地。1975年独立成立共和国。苏里南虽小，人口不多，却聚集着世界上许多民族，众多国家的人在此汇集，黑、白、黄、棕各种肤色均有，有印第安人、印度人、华人、英国人、荷兰人、西班牙人、美国人等，为世界人种之最，为此，苏里南有"小联合国"之称。

3个小时后，汽车进入首都帕拉马里博，在机场路上我看到一个标牌，上面用英文写着"苏里南，小联合国"。又将视线移至大街上的人群，还真是有各种肤色的人们，验证了"小联合国"的说法。

汽车在市区行驶，眼前不时出现各种鲜花，街心、路旁、门前、露台，花儿把这个城市装饰得新鲜夺目。瑞都向导介绍："在印第安人语言中，帕拉马里博意为'鲜花之都'。我们的国花为法娅鲁比，印第安语意为'火一样的友情'，那浓烈的花朵给人热情似火的感觉。"

帕拉马里博坐落于苏里南河下游大西洋的出口、河的西岸。300多年前，这里原本是个名为印度村的小农庄，印度人、印尼人、华人曾在此居住，后来西班牙、荷兰、英国、法国入侵，此地慢慢发展起来，成为现在24万多人的城市。走在这个古老的城区，但见很多殖民时期的老建筑，尤其荷兰风格的木质房颇多。

当来到棕榈花园旁，一眼看到高高的棕榈树前竖立的一块大牌子，上面是世界文化遗产的标识。棕榈花园最早是荷兰总督的后花园，大约占地上百亩，全是高大的棕榈树。在花园的周围有众多的人物雕像，还有独立广场、旧总统府、总统官邸、旧财政部、老警察局等。

在这些建筑中，最有名气的要数泽兰迪亚堡垒。顺着苏里南河岸边，过二战纪念碑、朝鲜战争塑像、国家议会，即是古堡垒。堡垒前面是一尊汉白玉女士雕像。

泽兰迪亚堡垒已有350多年历史。起初，法国殖民者在这里圈出一块地用于储藏物品，后英国殖民者重建成堡垒，之后来自荷兰泽兰省的殖民者占领此地并改名泽兰迪亚堡垒。1667年英荷战争，此地成为争夺的焦点。在堡垒入口上方刻有"1667"字样，表明英荷战争的年份。泽兰迪亚堡垒现已改为博物馆。

"小联合国"的称谓表明这是一座多元化的城市，同时也造就了不同的信仰。帕拉马里博的各种教堂，显示出了这种相互存在，互不排斥的包容性。其中有苏里南最古老的尖顶教堂，有印度寺庙。更让人称奇的是，伊斯兰的清真寺紧挨着以色列人的犹太教堂，彼此相安无事。

市中心一处浅黄色天主教堂极具特色，瑞都告诉我说："这座圣彼德伯雷斯大教堂是南美洲最大的木质教堂，已有100多年的历史。"的确，宏伟的外观斑驳的墙面，无不让人感受到它的威严与庄重。

在帕拉马里博市区，有一座中国援建的体育馆，名字是由苏里南国家游泳健将安托尼·乃恩提的名字命名。面对这一建筑，瑞都讲起这样一件事：

↑ 棕榈花园有世界文化遗产标记

↓ 总统府前的雕像显示保护各种肤色的人存在

⬆ 多教并存

➡ 泽兰迪亚堡垒

"1988年在韩国举办的奥运会上，苏里南国家游泳队运动员安托尼·乃恩提获得冠军。当颁奖升国旗时，竟然没有国歌可放。这说明苏里南真的太小太不出名了。为此，中国决定援建这座体育馆。"

穿行在首都，沿街两旁的商铺比比皆是。当走进具有中国建筑特色的"广义堂"，看到挂有不少有名气的华人照片。商会负责人介绍："苏里南共和国首任总统兼总理陈亚先就是华人。陈亚先祖籍广东惠阳，是医学博士。在苏里南历届政府阁员中，都有华人担任要职，如李火秀任教育部长，张运华任卫生部长，张运发任司法部长，杨保任议院副议长等。"据悉，目前在苏里南有2万多华人，60%以上的服务业均由华人掌控，还有网络、汽车、木材等。华人几乎掌握了苏里南的大半经济。目前，当地多数人讲荷兰语、英语，还有汉语，当地电视台中午黄金时间还播放中国新闻。这里还有华人友谊公园、中华会馆、华侨商会、华侨青年会等等。

在帕拉马里博驻足期间，我特意乘车前往首都郊区30多公里外的Santi Gron村采风。这是一个少数民族村落，共有6个部族的印第安人集居于原始森林中。这里都是木房、草屋，没有宅院，没有围墙。每个家庭除了住屋外，都建有一间神庙用来祈祷。部落里的原住民都是黑人，过着传统的生活。在一处临时搭建的草棚中，原住民上演了传统的舞蹈。随着跳动的舞步，婉转的歌曲，敲打的锣鼓，器乐和歌声飘扬在森林上空……

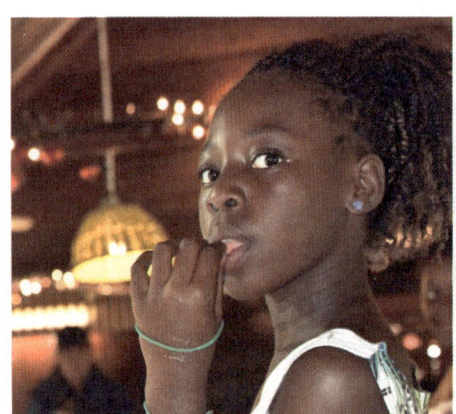
↑ 主街道的中国元素

↑ 森林深处土著人部落

追寻华人的足迹

初升的太阳照在苏里南河上,霞光铺满整个水面。

这天,我的行程排得满满的,去寻找中国人最早登陆这片土地所留下的艰难足迹和身影……

据考察资料显示,华人最早登陆苏里南的地方是首都帕拉马里博郊外大西洋沿岸一带。

穿过一片片原始森林,涉过一条条河流小溪,来到卡门温植物园。这个古老的植物园已有上百年的历史,从荷兰入侵时期起一直保存至今。过植物园有一片空旷的荒地,其中有一座破旧的木制房子,已经面目全非。这时,走过来几个黑人,听介绍才知这个房子原来是咖啡加工车间,早已停产。经过细细追问,黑人说:"当年,华人经营咖啡种植园,在这加工后转运出去向市场销售。这里的咖啡很出名,但因工厂污染环境而被迫关闭。"

离开咖啡厂徒步穿行5公里长的热带雨林,去糖厂遗址寻访。穿行热带雨林,需要胆识、勇气和毅力,因为森林中有很多动物和鸟类,瑞都向导

华工曾在这座废弃的咖啡厂劳作过

反复强调把裤腿扎好，以防毒蛇钻进；抹上防蚊药，被蚊咬会得疟疾。我拿了一根棍子，打草惊蛇，以防万一，否则被毒蛇咬伤会有生命危险。热带雨林阴暗潮湿，蚊子飞来飞去，有的钻进衣袖作恶，毫无办法。但大自然太神秘了！有很多好奇的看点令人心动。如奇特的花，奇妙的蘑菇，奇怪的飞鸟，奇异的蚁窝，真是走入万千世界，多姿多彩而又变幻莫测，使你不得不停下脚步来欣赏。瑞都向导说："华人包括其他国家的移民刚登陆时都是要砍掉一些原始森林，从种植咖啡、甘蔗、香蕉林开始的。可以想象，那要付出多大代价！被动物咬死者不计其数。"

经过艰难跋涉，终于走出热带雨林，又穿过一片森林和沼泽地到达糖厂遗址。

走进糖厂，数个加工车间隐匿在高大的树林中，没有人迹，没有声响，只有林中的鸟叫。据工厂留守人员介绍："这个糖厂是1890年第一批印度尼西亚人登陆建造的，已有120多年的历史。糖厂工人大都是印尼人和中国人，特别是华人劳工，吃苦耐劳，尽心尽力，受到当地人的赞扬和爱戴。"留守人员说："考虑环境问题，工厂停工了，在厂史资料中，有很多华人的业绩不可磨灭，可歌可颂。"

从露天博物馆植物园乘船穿过宽阔的苏里南河，向着河对岸的新阿姆斯特丹堡垒划行。站在船头瞭望，脚下是滚滚的河水，左边是茫茫的大西洋。新阿姆斯特丹堡垒就坐落在苏里南河流入大西洋的出口夹角地带。

当我刚刚登上岸边，踏进新阿姆斯特丹堡垒地带，只见一座高大的纪念碑耸立于此，凝神一看，原来这就是中国劳工登陆纪念碑！这里就是第一批中国人登陆的地方！

白碑黑底黄字，碑文上写着：

一八五三年十月二十日，在这块被称为新阿姆斯特丹堡垒的地方，住有第一批来自中国的合同工人，他们在这里建造了各式各样的种植场，从此这些华人就在苏里南开始创业生根。

石碑的基座是龟，含意深刻，龟的繁殖率很高，而且从海里到陆地产蛋繁殖，寓意华人从海上登陆，要不间断地繁殖下去。细细品味碑文，这

⬇ 糖厂纪念碑

里隐含着我们同胞多少心血啊！华人创业就是从这里开始的。望着这座碑，仿佛看到了中国人的身影，又仿佛听到了昔日中国人登陆的脚步声……

面对纪念碑，瑞都向导指着碑文介绍："这座中国劳工纪念碑是为纪念中国第一批华人来到苏里南 155 周年之际而立的，立碑时间为 2008 年。中国的劳工当年就是从这里登陆的。"随后瑞都停顿了一下，脸色突然沉下来，接着说："中国 18 名劳工从广东出发，乘船经过太平洋、印度洋、大西洋，漂洋过海 3 个多月，4 名华人因病死于船上，剩下的人最后抵达这个地方，太艰难了，这 14 名劳工是作为合同劳工到糖厂工作的。"说到这里，瑞都向导向石碑深深鞠了一躬。

瑞向导介绍，从 1853 年之后，第二批、第三批华人陆续来到苏里南，每批都有四五百人，以劳工的身份在这里或种植甘蔗、果树或到糖厂工作，签约期满后不再回去，永远留在了苏里南。2008 年 10 月 20 日这一天上午，苏里南总统在这里为新落成的首批华人纪念碑揭幕。参加仪式的华人个个激动不已：海内存知己，天涯若比邻，根在中国，同是赤子，为侨史立志，立民族象征，落地生根，建设第二故乡！

第十三章 苏里南：世界人种之最 | 235

在中国劳工纪念碑附近,有大片种植园、荷花池塘、中式建筑,以及百年树龄的林木,这应该是华人生活劳作的地方。

太阳偏西。回程中脑海里一直在翻卷:在这片曾是殖民地的土地上,中国劳工是多么的不易!

⬇ 在中国人登陆纪念碑前讲述华工史

第十四章 圭亚那

多水之乡

　　无边无际的林海，纵横交织的河流，飞流直下的瀑布，铺展在浩瀚的云天之下，这是从飞机舷窗俯瞰下的圭亚那。"多水之乡"，成了圭亚那的符号和代名词，就连首都乔治敦也被"水"包围。千万条水流，数不清的瀑布，这就是圭亚那的亮点！"多水之乡"出现了"世界一次落差最大的瀑布"、"世界最长的浮桥"、"世界最大的伞状草棚"……

低于海平面的首都乔治敦

进入圭亚那（Guyana）首都乔治敦（Georgetown）市区前，要穿越德梅拉拉河，一座悬在空中的浮桥飞架河的两岸，像一条长龙横卧在滔滔水面。汽车在浮桥上行驶，上下颤动着仿佛乘船一般。所谓浮桥，就是悬浮在水面上的桥，它没有浸入河底的水泥柱或钢架桥墩，而是用若干橡皮船体支撑。陪同踏访的乔先生介绍说："这是世界上最长的浮桥，有1920米长。桥下建有52个浮墩，每个浮墩由4个充气船体支撑，两侧用铁锚牢牢固定于河床中。这座浮桥是英国设计的。"

汽车开过浮桥，向着首都乔治敦前行。左边是德梅拉拉河，右边是莽莽热带雨林。圭亚那不仅森林覆盖率高，而且河流纵横，雨水丰沛，被称为"多水之乡"。途中我还看到左边的河面，明显高于地平面很多，这让我恍惚不下。当询问向导乔先生时，得到的回答是真实的。这里的地平面低于海平面，确切无疑。

乔治敦，地道的英式名字。当我问起"乔治敦"的来历，乔先生讲："确实是英国人所为。圭亚那自1814年成为英国的殖民地，后来称之为英属圭

◆ 世界最长的浮桥

亚那。直到 1966 年才宣布独立，国名为圭亚那合作共和国。圭亚那 21 万多平方公里的土地，经过两百多年英国人的统治，许多地名都刻上了殖民印记。目前圭亚那全国 77 万人，包括乔治敦的 25 万人，除用地方语外，很多人都使用英语交流。"

乔治敦建在地势低洼之处，地面低出海平面两米之多。走在马路上，坑坑洼洼的路段极为普遍，这也有可能是因为"多水之乡"造成的。

⬆ 海防大堤

地面比海平面低这的确是个奇特的现象。早在荷兰统治时期，这里便开始修筑海堤，从圭亚那东北海岸起，修造了 280 英里长海堤，形成一道海岸长城。在我下榻的宾馆旁，就是这壮美的海岸长城。

行走在街区，国会大厦、总理府、总统府、法院大楼、市政厅等都是较有特色的建筑。市政厅为哥特式风格，建于 1868 年，为木质结构，最明

⬇ 高等法院　　　　　　　　　　　　　　　⬇ 市政厅

第十四章　圭亚那：多水之乡 | 239

显的标志是 23 米高的塔楼。昔日，市区的妇女们常常登到塔尖遥望自己的丈夫是否出海归来。

市政厅旁边的高等法院也是木结构建筑，形状似 L 形，为三层楼，红顶黄墙。楼前维多利亚女王的塑像是 1887 年 5 月 24 日女王五十大寿时建成的。

乔治敦的建筑有三处世界之最。除铁浮桥外还有木质教堂和大草棚。

我来到乔治敦十字街中心，看到了耸入云天的木质教堂。这是世界上最高的独立木建筑结构，长 40 米、宽 25 米、高 43 米，可容纳 2000 人。这座名为圣乔治的大教堂始建于 1890 年，内外全都用木料堆建，没有使用一块砖瓦、石材和铁钉。走进教堂，发现它比苏里南首都的木质教堂大得多。

大草棚位于德梅拉拉河入海口，是一座具有民族特色的伞状建筑，棚顶全部以棕榈树叶搭建，高 17 米，占地 640 平方米，是世界最大的草棚。1972 年建造时是专门为在圭亚那召开的不结盟运动外长会议准备的场所，

▼ 世界最大的木质教堂

因为极富有印第安传统建筑风格，后总统常常在这里接见外宾。

在大草棚前，还有建于1974年的解放纪念柱，基座为花岗岩石，上面立有5根绿芯大木桩，表示追求自由的力量。周围有十多块不规则砾石象征继续为自由而战的成千上万的人们。这一解放纪念柱是为非洲解放运动的自由战士而立，表明圭亚那与非洲团结一致。

在国会大厦旁边，斯特布鲁克大市场是乔治敦又一处亮点，也是首都的地标之一。最明显的标识是高31米的深红色的钟塔。它是用木头、水泥和钢铁三种材料建起来的，占地一万多平方米。钟塔四面的大钟都是美国制造，自1880年建成安装至今一直没有停止运转，而且准确无误。

⬆ 斯特布鲁克大市场

乔治敦革命广场立有南美洲最大的黑人雕像，下方刻有"1763"字样和黑奴劳动的身姿。早年荷兰统治时期，殖民者从非洲运来大量黑奴发展种植园。1763年，黑人领袖科菲领导黑人发动了一场大范围的起义，渴望解放，获取自由，史称伯比斯奴隶起义，但起义以失败而告终。黑人雕像即科菲，由2.5吨青铜制造，高10米。

迎着蒙蒙细雨，我参观了建在植物园中的一处历史画廊。向导乔先生面对人物雕刻讲起了圭亚那的

⬇ 南美最大的黑人雕像

↑ 婚礼

历史,特别讲到近代的琼斯教徒集体自杀事件。那是1978年11月18日,追随吉姆·琼斯的913名狂热教徒在这个国家的西北部热带雨林中集体自杀,震惊了全世界。为此,圭亚那连同这一悲剧传遍全球。

植物园历史画廊一侧建有圭亚那独立后首任总统钟亚瑟先生纪念碑。钟亚瑟为中国广东人,于1970年至1980年期间出任该国总统。谈及华人,乔先生介绍,在圭亚那废除奴隶制后黑人都跑到热带雨林中安营扎寨,不再做奴隶。种植园急需劳力补充,英国政府于1844年从中国东南沿海招录劳工,仅1853年就有2801名中国劳工到达圭亚那,开始了劳作。目前,在圭亚那的华人达一万多,大都从事餐饮、服装、超市等服务行业。

回到驻地已是万家灯火,乔治敦笼罩在夜幕中。是夜,恰有一对黑人在我下榻的宾馆举行婚礼。这对新人男士在政府机关工作,女士在一家企业当老板。婚礼庄严而大方,热烈而欢庆!望着新郎庄重整洁的黑色西服,那真是谦谦君子;望着新娘纯洁白色的长裙,那真是窈窕淑女。

黑人从奴隶到主人,从被压迫到获得自由,这是多么漫长的道路啊!人类在向文明发展,社会在不断进步,今天的黑人是多么幸福!

伴着婚宴的歌舞,随着欢快的乐曲,婚礼进入了高潮……

欢歌笑语,打破了乔治敦夜晚的宁静……

奔向凯厄图尔瀑布

晴晨的阳光洒满乔治敦街区,静静的德梅拉拉河泛着银光。

这是一个晴朗的日子,今天要去踏访凯厄图尔瀑布,号称世界一次落差最大的瀑布。去瀑布,要乘小飞机。

飞机一阵轰鸣,加速运转,直上晴空。

仰视,漫无边际的蓝天;俯瞰,漫无边际的森林。这就是莽莽的亚马孙热带雨林。太壮美了,亚马孙!

一会儿是弯弯的河流,一会儿是明镜似的湖泊,一会是铺展的瀑布,散落在丛林中,"多水之乡"在森林中得以体现。

森林,造就了河流;河流,造就了瀑布。在圭亚那森林中,纵横的河流造就了很多瀑布,如奥林杜伊瀑布、马歇尔瀑布、卡奈马瀑布、佩艾马瀑布、格雷特瀑布等上百处瀑布,其中最大的瀑布是凯厄图尔瀑布,位于圭亚那中部埃塞奎博河支流波塔罗河上。

突然,前方出现一块厚厚的积云,机体一下子钻进云层,接着下起了大雨。骤然飞机晃动起来,人们颠覆得东倒西歪。此间,有人开始呕吐,有人恐慌地叫起来,我的心脏也加快跳动。

当飞机绕过一座山头,驾驶员用英语连续提醒:"Kaieteur Falls(凯厄图尔瀑布)"!我立刻下意识拿出照相机对准窗外,莽莽丛林中一条银白色的长河像蛇一样横卧,继而吐出直上直下的白色布条,直奔一个深坑,产生团团雾气。啊!这就是凯厄图尔瀑布!我赶紧按下快门,拍下瀑布的全景。

第十四章 圭亚那:多水之乡 | 243

🔼 飞机窗外突见瀑布　　　　　　　　　　🔼 穿过热带雨林

　　转而，驾驶员调整好机体，顺着绿色森林中的一条笔直的白色跑道降落了。紧接着机舱中响起一阵热烈鼓掌声，感激驾驶员的高超技术。

　　走出机舱，迎接我们的是一位土著人向导图巴先生，他说，到瀑布还要穿越森林步行半个多小时。行前，他讲了一些注意事项："森林中有很多飞禽走兽，一定要跟着我走，森林中有冠伞鸟和小小的金色青蛙，决不能惊动，它们的毒性比蛇还猛烈，所释放出的毒素比可卡因同类型的生物碱毒性高16万倍，可迅速置人死地。当然，这里毒蛇也很多，要十分小心！"

　　"太恐怖了！必须老老实实跟着向导走，不能慢下半步。"我心里在想。

　　阴暗，潮湿，踏行在热带雨林；热汗，热气，闷在密密麻麻的原始丛林。身边，不断被树枝划动；脚下，泥泞的土地滑来滑去。心中，不断在敲着小鼓：千万可别碰到什么小小青蛙和毒蛇……

　　突然，身边响起轰隆隆的响声，透过森林由远而近，伴随着脚步的前进，声响越来越大，越来越清晰。啊！马上就要见到瀑布了！我简直是迫不及待！当穿过最后一片丛林，眼前一亮，一道飞流的瀑布从天而降，一泻千里，汹涌澎湃，激起阵阵水雾，令人心醉！太壮阔了！

　　飞流直下，太震撼了！那白色瀑布从丛林中一跃而出，咆哮着、奔腾着、呼啸着直线下泻，像巨大的水瓢泼洒而出，似一块摆动的巨型白色条幅顺悬崖系到万丈深谷，如宏大的水闸破门而流，像脱缰的野马奔泻而下。望着奔泻的水柱、飞溅的水花、翻起的水浪，真是波澜壮阔，气势磅礴，让人惊心动魄！

这就是号称世界一次落差最大的瀑布——凯厄图尔瀑布。它以100多米宽的幅度从帕卡赖马高原下跌226米，再下蚀26米直达底部的大岩石上，形成一道高大的直线瀑布。

瀑布周围全是原始森林，透过密林但见飞禽野兽出没，神秘莫测、令人向往。正在出神凝望时，向导说："这里是远看，绕过森林，可以再近一些看，更有气势。"

原来，观看凯厄图尔瀑布共有三个点位：远景、中景和近景。不同地点有不同的景色和观感。

离开最远的点位，我跟随图巴先生绕行密林走到中间的点位观看。又是一阵林中穿越。期间，图巴先生讲了凯厄图尔瀑布名字的由来，他说："很早以前当地土著人巴塔穆那部落首领凯厄在与入侵的加勒比海人发生冲突时，为了摆脱战争乘一条独木船顺瀑布流下而身亡。后来人们将这一瀑布用他的名字凯厄命名，图尔在当地语中意为瀑布，凯厄图尔瀑布就是这样来的。当1870年英国地质学家布朗发现后，就启用此名。"

⬇ 飞流直下

来到第二个观景台，确实与远观的景色有不一样的感觉，那水流显得更有气势、更为壮阔、更加汹涌！

当绕行至瀑布的第三个观景台，观看到的瀑布更为宏伟壮观。那倾泻而下的水流，那飞舞溅开的水花，那蒸腾而上的水雾，令人振奋，叫人折服，尤其是震耳欲聋的轰鸣，地动山摇的咆哮声，倍感激奋、震撼和惊叹！

在瀑布一侧，有一块巨石从悬崖顶部横向直插瀑布，悬空的巨石下是万丈深渊，在瀑布的奔泻下看上去摇摇欲坠。图巴先生说："这是一块惊魂石，胆量大的可以上去，更能体验瀑布的气势和壮阔！"说完后，图巴又强调："一定要小心，千万注意安全，多走一步就会一命呜呼！这里曾经死过人，非常危险，决不能大意一点点！"

无限风光在险峰！我壮着胆子，小心翼翼地将脚一步一步慢慢移将过去。当走到惊魂石的尽头，惊恐万分！我几乎被挂在瀑布上，太险了！此时，人变得如此渺小！当放眼前望，真正体会到"飞流直下三千尺"、"黄河之水天上来"！那个壮观，那个雄伟，那个气势，真是势不可当！

——这就是凯厄图尔瀑布的吸引力！

——这就是世界一次落差最大瀑布的感受！

◆ 瀑布、悬崖、胆识

后 记

　　那地球上独一无二的乌尤尼"天空之镜",那世界上最大的亚马孙热带雨林,那地球上最高的安赫尔瀑布,那世界上最大的纳斯卡地画……还有那神秘的复活节岛、马丘比丘、黄金湖、盐教堂、太阳门等等。

　　这些南美洲大陆上数不清的奇观秘境,让我魂牵梦绕,心驰神往,流连忘返!

　　南美洲大陆上的所有国家和地区,我终于一个不差、全部走遍了!回忆起来,真的让我非常欣慰,特别爽快,十分惬意!我想:人生在世,能够把我们脚踩地球另一面南半球上的一个洲统统走完,太有意义、太有价值了!让我了解了很多很多从未知晓的东西,让我看到了从来没有看到的大自然景观,让我接触了从来没有接触过的人和事,太难忘、太感叹、太激动人心了……

　　读者朋友们!您想真实、详细地了解南美洲吗?那么,请您打开这本《去南美》吧!将您带到那飞雪弥漫的冰川世界,将您引向那莽莽的热带雨林,将您领上那无边无际的大漠,将您送到那柔软细润的海滩……去领略这个无与伦比的世界!去认识这个美轮美奂的大自然!

　　读万卷书,走万里路。如果您想亲临现场,迈开双脚走一趟,那么,您就带上这本《去南美》,去感受南美洲吧!书中向您展示了每个国家的最大亮点和最值得去的地方。

　　目前,南美洲的国家大部分已经对我国开放,如巴西、阿根廷、秘鲁、智利等。但有的国家对我国还没有敞开入境的大门。如果想走完整个南美洲大陆,或走一部分国家,那就需要有一个可靠的部门为您助力。我之所以能走遍南美洲是北京的尊旅假期定制了整个行程,在这里,我对他们的支持表示深切的感谢!

　　《去南美》这本书共包括了委内瑞拉等12个国家和法属圭亚那、马尔维纳斯群岛（福克兰群岛）两个地区。目前，市面上出售的记述整个南美洲国家和地区的书籍还很少见，这本书记述了南美洲所有国家的人文、地理、风土人情及自然景观。让你走进一个个新奇的国家，进入一个个另类的大自然的怀抱，领略一个个未知世界的奇异风光!

　　图文并茂，意境深邃。《去南美》用记叙的形式，递进的手法，散文的笔调，诗的语言，向您展示出南美洲大陆一幅幅异彩纷呈的画卷，一段段别开生面的情节，定会让你留下深刻的印象。全书共14章60篇，插进了我实地拍照的300多幅照片，让你身临其境，一目了然，走进一个崭新天地。

　　《去南美》是继我的《乡路》、《乡情》、《乡曲》、《春韵》、《千山万水》、《西藏穿行》、《穿越大西北》、《行走南极》等之后出版的第10个卷本，可以说硕果累累。而《去南美》这本书展现的是异国风情，从面上说更广，能触摸到在国内触摸不到的东西，有可读性、知识性和新鲜感。我愿意把它奉献给全国的读者，使之开阔眼界，了解更多的异国奇闻。

　　鼓舞的力量是无穷的。顺此感谢关注我微信的诸位领导、同仁、好友，跟随我的脚步，踏着我的足迹，同我一路走来，给了我很大的支持!在同事们的鼓励下，从南美回来后我抓紧时间迅速写出了这本书。

　　《去南美》就要出版发行了。在此，感谢当代世界出版社的协作和帮助!感谢风景图文社的文字打印!

　　一枝一叶总关情。我愿折一片"地球之肺"热带雨林中的绿叶，采一束安第斯山上的野花，捧一口亚马孙河里的甜水，敬献给亲爱的读者们!

王喜民
2016年1月1日